오늘이
마지막 날
이라면

KYOGA SAIGONOICHINITI DATOSHITARA IMANOSIGTODE YOKATTADESUKA?
by Masato Nakamura
Copyright © Masato Nakamura
All rights reserved.
Original Japanese edition published by Keizaikai Co., Ltd.

Korean translation copyright © 2012 by Dasan Books Co., Ltd.
This Korean edition published by arrangement with Keizaikai Co., Ltd., Tokyo
through HonnoKizuna, Inc., Tokyo and BC Agency

이 책의 한국어 판 저작권은 BC 에이전시를 통한
저작권자와의 독점 계약으로 다산북스에 있습니다.
저작권법에 의해 한국 내에서 보호를 받는 저작물이므로 무단전재와 복제를 금합니다.

죽을 때 후회하지 않는, 진짜 내 인생을 사는 법

나카무라 마사토 지음 | 김윤경 옮김

머리말

# 후회 없는 인생은 무엇이 다를까?

만약 오늘이 인생의 '마지막 날'이라면, 당신은 지금 하고 있는 일에 만족한다고 말할 수 있는가? 또 죽음을 맞이하는 순간, 당신은 진심으로 행복했다고 말할 수 있는가?

만약 '그렇다'고 대답할 수 있다면 당신은 이 책을 더 이상 읽지 않아도 된다. 이 책은 생의 마지막 순간에 "보람 있는 일에 푹 빠졌던 정말 멋진 인생이었어!"라고 말할 수 있도록 도와주는 책이기 때문이다.

나는 '정말 운 좋게도', 30세가 될 때까지 무려 다섯 번이나 '삶과 죽음'의 경계를 넘나들었다.

열 살 즈음에 시즈오카靜岡 역 앞에 있는 빌딩이 갑자기 폭발 (1980년 8월 16일, 시즈오카 제2빌딩 폭발사고. 사망 15명. 부상 223명)한 현장에 있었고 그 뒤로는 경찰과 의사가 "살아 있는 게 기적이군요."라고 말할 정도로 큰 사고를 몇 번이나 겪으며 간신히 오늘날까지 살아왔다.

그런데 왜 나는, 그렇게 죽을 뻔한 고비를 여러 번 겪고도 운이 좋았다고 말하는 걸까?

그것은, 그 경험을 통해 어느 날 갑자기 인생이 끝날지도 모른다는 진리를 깨달았기 때문이다. 게다가 한 번도 아니고 다섯 번씩이나!

'마지막 하루'는 내일, 아니면 모레 아무런 예고도 없이 당신을 찾아올지도 모른다. 사람은 스스로 목숨을 끊는 경우를 제외하고는 자신이 언제 죽게 될지 누구도 알지 못한다. 젊은이든 중년이든 아무도 예측할 수 없다.

    2011년 3월 11일, 일본은 천 년에 한 번 온다는 큰 재해를 당했다. 갑자기 발생한 동일본 대지진(일본 도호쿠東北 지방에서 발생한 일본 관측 사상 최대의 지진. 강진 발생 이후 초대형 쓰나미가 덮쳐 수많은 사상자와 대형 화재를 일으켰고, 원전 가동마저 중지되어 방사능 누출사고가 발생했다-옮긴이)으로 한순간에 수많은 사람들이 목숨을 잃었으며, 사고가 발생한 지 일 년도 더 지난 지금까지 행방조차 알 수 없는 사람도 많다.
    그들은 과연 그날이 자신의 '마지막 날'이 될 거라는 사실을 알고 있었을까? 질문할 필요도 없이, 그들 중 누구도 자신의 죽음을 미리 알고 있었을 리 없다. 분명히 사고 직전까지 아무 생각도 하지 못했을 것이다. 그러고 보면 인생처럼 무상하고 덧없는 게 또 있을까. 이 기회를 빌어 그분들 모두에게 진심 어린 조의를 표한다.

    이처럼 지금 아무리 젊고 건강한 사람이라고 해도 인생이 언제, 어디서 끝날지는 아무도 알 수 없다. 나는 그래서 한 사람이라도 더 많은 사람이 가능한 한 빨리 '자신이 진정 하고 싶은 일'을 찾았으면 좋겠다. 여러분이 정말로 원하는 일을 찾아서, 결국 멋진 '마지막 날'을 맞이하기를 바라는 마음을 담아 이 책을 썼다.

실제로 세상 사람의 99퍼센트는 자신이 하고 싶은 일을 찾지 못한 채 세상을 떠난다고 한다.
'우리는 무엇을 위해 살아가고, 또 무엇을 하기 위해서 태어났을까?'
나 같은 사람이 이 심오한 주제에 답을 줄 수 있을지는 모르겠지만 그래도 한 가지, 내가 직접 겪어보았기 때문에 자신 있게 전하고 싶은 말은 있다.
'당신의 마음속 소리에 귀를 기울여라!'
나는 지금까지 인생의 갈림길에 서서 중요한 결단을 내려야 할 순간이 오면, 반드시 내 '마음의 소리'와 대화를 나누곤 했다.
'이것이 정말 내가 원하는 일일까?'라고.

당연한 말처럼 들리겠지만, 당신의 인생은 본디 당신이 원하는 방식대로 살 수 있다. 하지만 우리는 자신이 원하는 대로 살지 못하는 사람이 너무나 많다는 사실 또한 알고 있다. 지금 하고 있는 일의 상황과 굴레, 주변의 시선, 돈 문제, 가족 또는 자신의 생활고, 심리적인 문제, 불안, 공포, 건강문제 등 여러 가지 어려운 상황에 부딪힌 사람도 있을 것이다.

인생은 참으로 아이러니해서 자신이 원하는 대로 살려고 하면 할수록 거꾸로 가기 십상이고, 내 의지를 가로막는 문제들은 끝도 없이 생겨난다. 하지만 내가 보기에 미래를 가로막는 다양한 문제는 어쩌면 원하는 일을 찾는 방법을 알지 못하기 때문에 생기는 것들이다.

사람의 일생에서 죽음 이상으로 중요한 사건은 존재하지 않는다. 지금 당신이 안고 있는 몇 가지 문제는 그게 무엇이든 당신이 죽는 것에 비하면 분명 하찮은 문제가 아니겠는가.

이 책에서 나는 지금까지 아무도 가르쳐 주지 않았던, 인생의 마지막 날에 후회하지 않기 위해 정말로 원하는 일을 찾는 방법을 알려주고 싶다. 그리고 기왕이면 그 방법을 구체적으로 제안

하려고 한다.

  이 책을 읽고 내 조언에 귀 기울인 누군가가 하루빨리 성취감을 느끼는 하루하루를 손에 넣게 되기를 간절히 바란다. 나아가 머지않아 다가올 '마지막 날'을 향해 열심히 살아간다면 그 이상 행복할 게 없겠다.

  다시 한번 말하지만, 이 책을 통해 단 한 사람이라도 더 많은 사람이 '자신이 진정 원하는 일'을 찾을 수 있기를 간절히 바란다.

경영 컨설턴트<br>
나카무라 마사토

Contents

**머리말**
후회 없는 인생은 무엇이 다를까? 4

**제1장**
# 만약 오늘이 인생의 '마지막 날'이라면?
다섯 번이나 죽을 고비를 넘기며 깨달은 것들 17
누구에게나 반드시 살아야 할 이유가 있다 24
어느 날 갑자기 죽음이 찾아온다면? 28
마지막 하루의 가치 31
'충실도 테스트'로 인생을 점검하라 35
99퍼센트가 죽을 때까지 깨닫지 못하는 '인생의 미션' 38
얼마나 빨리 '죽음'을 실감하느냐가 성패를 가른다 40
마지막 날에 행복하다고 말할 수 있는 사람의 세 가지 조건 42

**제2장**
# '진짜 하고 싶은 일'을 찾는 방법
여행을 떠난다고 하고 싶은 일을 찾을 순 없다 47
하고 싶은 일이 없어도 좋다! 51
하고 싶은 일이란 무엇인가? 54
하고 싶은 일을 찾는 사람 vs. 찾지 못하는 사람 58
당신은 무엇을 위해 일하러 가는가? 62

당신을 옭아맨 굴레를 벗어던져라 65

자신을 파악하는 작업부터 시작하라 68

자신의 직감을 믿어라 73

제3장
## 변화를 가로막는 7가지 장애물에 맞서는 방법

'공포'를 이기는 단 한 가지 방법 79

'불안'을 완전히 없애는 방법 81

'망설임', 성공밖에 모르는 바보가 되라 84

'습관', 마법의 언어로 떨쳐버려라 86

'소심', 지켜야 할 것이 많아도 결단을 내릴 수 있다 88

'사욕', 갖고 싶은 만큼 내려놓아라 91

'잡음', 반드시 나타나는 고마워해야 할 시금석 93

제4장
## '하고 싶은 일'을 찾았다면 '변화하는 사람'이 되라

변화를 추구하는 사람의 첫걸음 101

변화하는 사람에게 필요한 몰입의 시간 103

'지금'이라는 타이밍을 소중히 여겨라 105

한 발 내딛는 일부터 시작하라 108

도전에는 1분의 낭비도 없다 110

인생의 균형부터 깨뜨려라 114

좋아하는 데서 그치지 말고 사랑하라 116

제5장
# 인생을 '지금 이대로' 끝마치고 싶지 않은 당신에게
가장 먼저 싱크로율을 높여라 123
일터로 가기 전에 스스로 질문을 던져라 127
과감하게 무대를 바꿀 용기를 내라 129
의도적으로 생활 환경을 넓혀라 131
'목표'가 아니라 '목적'을 정하라 136
코엔 형제의 인생 '변혁술'에서 배울 점 141
스티브 잡스의 '점과 점'이 의미하는 것 143
잠자는 마음의 소리를 깨워라 146


제6장
# 앞으로 한 발 내딛을 때 누구나 빠지는 함정
원하는 일을 찾고도 80퍼센트가 실패하는 현실 157
2주 만에 꿈을 포기한 20대 레스토랑 사장 159
베테랑 경영자는 왜 실패했을까? 162
죽을 만큼 힘들다면 자신의 가능성을 믿어라 166


제7장
# 하고 싶은 일에 돈은 필요 없다
돈이 없어서 할 수 없다는 말은 비겁한 변명 175
최소한의 여유자금을 비축하라 179
당신을 응원하는 사람들이 있다 182
빚, 두려워하지 말고 적극적으로 활용하라 188

### 제8장

# 성취감을 손에 넣은 사람들이 다른 점

자신의 인생을 스스로 계획하고 조정한다 195
타인에게 도움을 주고 있다는 보람을 느낀다 199
타인의 시선보다 스스로의 행복을 중시한다 203
일을 사랑한다는 것의 진짜 의미를 안다 206
자신의 인생에 한계를 긋지 않는다 209
인생의 미션을 찾아 실천한다 212

### 제9장

# 죽을 때 후회하지 않는 9가지 방법

최상위 5퍼센트의 법칙을 실천하라 221
상식을 의심하라 225
자신에게 투자하라 228
마음, 돈, 몸의 조화를 이뤄라 230
미션을 완성할 스토리를 찾아라 234
바삐 움직이며 기회를 기다려라 239
돌아가고 싶은 '그때'에 지금 서 있다 242
당신만의 고유한 '역할'을 찾아라 246
오늘이 마지막 날이라면 지금 하고 있는 일로 만족하는가? 250

### 맺음말

느꼈다면 행동하라, 지금 당장! 254

제1장

# 만약 오늘이 인생의 '마지막 날'이라면?

"

지금부터 죽을 고비를 다섯 번이나 넘긴 경험을 통해
내가 깨우친 '인생을 후회하지 않기 위한 다섯 가지 비법'을
여러분에게 알려주려고 한다.

# 다섯 번이나 죽을 고비를
# 넘기며 깨달은 것들

나는 지금까지 다섯 번이나 죽을 고비를 넘겼다

**〈첫 번째〉 열 살 되던 해 여름, 있을 수 없는 일이 일어났다**

　열 살이 되던 해 여름방학, 가족과 시즈오카静岡에 있는 큰아버지 댁에 놀러 갔다. 신나게 놀던 중 아버지가 친척을 마중하러 역에 가신다기에 나도 생각 없이 따라 나섰다. 한가로운 길을 벗어나 시원한 강과 푸른 숲의 물결이 빌딩숲으로 바뀔 즈음, 눈 앞 저 멀리에 역이 보였다. 내가 타고 있던 차는 역 앞에 있는 신호등에 걸려 멈추었고, 신호가 바뀌자 천천히 움직이기 시작했다.

바로 그때! '쾅!'

어마어마한 폭음과 함께 섬뜩한 충격이 차 전체를 격렬하게 뒤흔들었다. 무슨 일이 일어났는지도 모른 채 무의식적으로 굉음이 들려온 뒤쪽을 돌아보니 뒤따라오던 차가 날아가 납작하게 찌그러진 채 불길에 휩싸인 모습이 보였다. 빌딩에서는 시뻘건 불길이 기세 좋게 치솟았고 수많은 사람의 비명과 울부짖는 소리가 터져 나왔다.

눈앞에서 사람이 죽어가는 모습을 실제로 보기는 그때가 처음이었다. 곧이어 엄청나게 많은 경찰차와 구급차, 소방차의 사이렌 소리, '두두두두' 헬리콥터의 메마른 소리가 뒤섞이면서 대대적인 구조 활동이 시작되었다. 시즈오카 역 앞 교차로는 피투성이가 된 채 뒹구는 사람들로 인산인해를 이루어 마치 야전병원을 방불케 했다.

지금 생각해보니 차가 한 대만 뒤로 밀려나 있었더라도, 나는 그때 분명히 죽었을 것이다.

### 〈두 번째〉 2센티미터 차이

중학교 입학을 앞둔 어느 봄날, 나는 제법 체격이 다부지게 잡혀가고 있었다. 어느 날, 집에 놀러 온 친구와 둘이서 아버지의 골프가방을 몰래 들고 나와 공터에서 골프를 치며 놀았다. 집 근처에 있는 넓은 공터는 아이언(공을 치는 부분이 쇠로 된 골프채-옮긴이)을 휘두르기에 더없이 좋은 장소였다. 흙을 돋우어 골프공을 올려놓고 우리는 앞뒤로 나란히 서서, 있는 힘껏 풀스윙을 반복했다.

그렇게 한두 시간쯤 지났을까. 친구쪽으로 떼구르르 굴러가는 공을 좇아 앞으로 한발을 대디디려는 바로 그 순간!

"퍽!"

갑자기 눈앞이 깜깜해지면서 내 얼굴에서 엄청난 피가 분수처럼 뿜어져 나오기 시작했다. 친구가 풀스윙으로 휘두른 아이언에 얼굴 정면을 맞은 것이다. 긴급히 병원으로 실려간 내게 담당 의사는 이렇게 말했다.

"자네 말이야, 2센티미터만 더 미간 쪽을 맞았다면 즉사했을 거네."

겨우 2센티미터의 차이에 삶과 죽음이 달려 있었다는 사실을 깨닫고 새삼 움찔했다.

### 〈세 번째〉 죽음을 각오한 순간

대학교 일학년 봄날, 오토바이를 타고 하숙집으로 돌아가던 길이었다. 내가 다니던 대학은 높은 지대에 자리잡고 있어 나는 늘 오토바이를 타고 언덕을 내려와 언덕 끝의 급커브길을 돌아서 집으로 돌아가고는 했다. 그날도 여느 때처럼 전속력으로 언덕을 내려왔다. 그리고 마지막 급커브길에 다다른 순간!

커브 직전의 좁다란 샛길에서 갑자기 자동차가 내 눈앞으로 전속력을 다해 달려 나왔다.

'앗! 이제 죽는구나!'

나는 직감적으로 피할 수 없다는 걸 깨닫고, 아주 짧은 찰나 '죽음'을 각오했다.

반사적으로 두 손 힘껏 브레이크를 잡자, 믿을 수 없게도 왼쪽 브레이크가 '빠직! 하고 부러지면서 달리던 속도 그대로 자동차와 부딪쳤다. 나는 마주오던 차의 보닛 위로 떨어져 의식을 잃고 말았다.

눈깜짝할 사이에 주변에 있던 사람들이 몰려들었고, 떠들썩한 목소리에 나는 가까스로 눈을 떴다.

"누가 구급차 좀 불러줘요!"

다급한 목소리였다.

고등학교를 갓 졸업하고 세상물정을 모르던 나는, 큰 사고를 일으킨 데다 다른 사람의 차를 훔뻑 찌그러뜨려 놓았다는 사실이 너무 겁이 났다. 그래서 피가 철철 흐르는 다리를 질질 끌면서 오토바이를 일으켜 세운 후 넋 놓고 서 있는 여성 운전자에게 "조, 조심하세요!"라고 한 마디를 건네고는 에워싼 구경꾼들 사이를 빠져나와 간신히 하숙집으로 돌아왔다.

그 일이 있은 후 나는 한 달 이상을 몸져 누웠고, 지금 이렇게 살아 있다는 사실이 종종 기적처럼 느껴진다.

### 〈네 번째〉 반 발자국 앞에 도사리고 있던 죽음

사회에 첫발을 내딛은 지 3년째 되던 해 여름의 일이다. 회사 동료 넷이서 주말에 담력을 시험하러 갔다. 당시 나고야名古屋에서 일하고 있던 우리가 차로 두 시간 걸려 찾아간 심령 스폿(귀신 또는 영적인 존재가 나타나거나 과학적으로 불가해한 현상이 일어나는 숲, 폐가, 터널 등의 장소를 일컫는 말-옮긴이)은 유명한 '시라유리白百合 여학교의 폐허'였다.

차 두 대에 나눠 타고 고생 끝에 겨우 도착한 그곳은 묘지 옆에 자리하고 있었고 울창하게 뻗은 풀이 가슴 높이까지 우거져 있었다. 아무 것도 보이지 않는 칠흑 같은 어둠을 차의 헤드라이트로 비추자 거대하고 꺼림칙한 건물이 어둠 속에 우뚝 모습을 드러냈다. 두 팀으로 나눠 휴대용 손전등을 들고 건물로 들어가 보니, 마감처리가 다 벗겨져 콘크리트가 그대로 드러난 채 창문도 없는 벽면에는 누가 썼는지 스프레이 낙서가 가득 차 있었다. 1층과 2층을 둘러보고 이윽고 5층 옥상에 다다랐다.

그리고 앞에 있던 동료에게 달려 나가던 바로 그때!

"나카무라 군! 멈춰! 거기 서!"

비명에 가까운 외침에 놀란 나는 '파바바박!' 소리를 내며, 미끄러지는 발을 겨우 멈출 수 있었다.

"앗, 우아아아아!"

나는 다다미 한 장 정도 크기로 뻥 뚫린 구멍에 한쪽 발이 푹 빠진 채 아슬아슬하게 멈춰섰다. 바로 앞은 5층 난간이었다.

만약 그때 거기서 멈추지 못했다면, 아니 발이 반 발짝만 더 앞으로 나갔더라면 나는 틀림없이 그 자리에서 떨어져 죽었을 것이다.

그날 우리는 너무 급하게 멈춰서느라 허리뼈를 다친 나 때문에 허둥지둥 귀갓길에 올랐다. 지금 다시 떠올려 봐도 등골이 오싹할 만큼 무서운 순간이었다.


### 〈다섯 번째〉 마지막 하루는 예기치 못한 곳에서 찾아온다

직장생활을 한 지 4년째 되던 여름날. 그날은 거래처와 회식을 마치고 밤늦게 운전을 해서 집으로 돌아오던 길이었다. 나는 집에서 5분 정도 떨어져 있는 교차로에서 신호를 기다리고 있었다. 그리고 마침내 신호가 바뀌자 앞 차의 뒤를 따라 천천히 움직이기 시작할 때였다.

"끼이이익."

교차로 안에 막 진입하자마자 멀리서 급브레이크를 밟는 소리가 귀를 찢을 듯 날카롭게 들려왔다.

'어디 사고라도 났나?' 하고 생각하는 순간!

"와장창!"

무시무시한 충격과 함께 내 차가 한 바퀴를 휙 돌더니 순식간에 뒤통수에 있던 풍경이 눈앞에 펼쳐지는 게 아닌가. 차는 가드레일을 들이받고 박살이 나고서야 겨우 멈춰 섰다. 운전석은 무사했지만 뒷좌석부터 트렁크까지 마치 휴지조각처럼 구겨졌고 나는 구급차에 실려 가까운 병원으로 호송되었다.

경찰관의 말로는 술에 취한 음주 운전자가 120킬로가 넘는 속도로 달려와 내 차의 오른쪽 옆면을 들이받았다고 했다. 나는 들것에 실려 구급차 안에 누운 채 경찰관에게 충격적인 말을 들었다.

"나카무라 씨, 당신 정말로 운이 좋았어요. 0.8초만 늦게 출발했더라면 당신은 아마 즉사했을 거요."

경찰관의 소름끼치는 한 마디는 지금까지도 나의 뇌리에 강렬하게 남아 있다.

# 누구에게나
# 반드시 살아야 할 이유가 있다

여기까지가 내가 서른 살이 될 때까지 죽을 뻔했던 사건, 즉 내 인생의 '마지막 날'이 되었을지도 모르는 사건의 전말이다.

이 글을 읽는 누군가도 분명 한 발짝, 몇 초의 차이로 죽을 고비를 넘긴 사람이 있을지 모른다. 분명한 것은 내가 죽을 고비를 넘긴 횟수나 행운을 자랑하기 위해 이 에피소드를 소개한 것이 아니라는 점이다.

바로, 내가 어떻게 해서 내 인생을 살아갈 뚜렷한 목적을 찾게 되었는지 그 과정을 말해주고 싶어서다. 또한 지금까지 죽을 뻔한 경험을 하지 못한 사람에게는 어느 날 갑자기 예고도 없이 죽을 수도 있는 사건이 얼마나 쉽게, 어떻게 벌어지는지 간접적으로나마 알려주고 싶었기 때문이다. 죽음은 뭔가 특별한 일이 아니라 언제나 일상 속에 존재하고 있다

지금부터 죽을 고비를 다섯 번이나 넘긴 경험을 통해 내가 깨우친 '인생을 후회하지 않기 위한 다섯 가지 비법'을 여러분에게 알려주려고 한다.

- 사람은 언제 죽게 될지 모른다는 사실을 기억하라.
- 그게 무엇이든 우리 모두에게는 반드시 '살아가는 이유'가 있다는 사실을 잊지 마라.
- 진정한 나, 그리고 바람직한 나의 모습에 대해 지속적으로 고민하라.
- 일생을 통해 '자신이 할 일'을 찾고 또 찾아라.
- 자신의 '마음이 하는 소리'를 들었다면 주저하지 말고 곧 행동으로 옮겨라.

마치 대단한 사건을 겪은 것처럼 썼지만 사실 5년 전까지만 해도 나는 지금껏 겪은 사고가 모두 우연이었다고 생각했다. 하지만 한 선생님의 말씀을 듣고 난 후 생각이 완전히 달라졌다.

"있잖아, 나카무라 씨. 나는 60년이나 살면서 주변에서 한두 번씩 죽을 뻔했다는 사람들의 이야기는 많이 들었어요. 하지만 빌딩이 통째로 날아갈 만큼 큰 사건을 다섯 번이나 겪은 사람은, 당신 말고는 본 적이 없답니다. 당신은 아주 근소한 차이로 삶과 죽음 사이를 다섯 번이나 빠져나와 지금껏 살아가고 있어요. 그러니 당신은, 정말이지 살아가는 동안에 뭔가 해야 할 일이 있는 거예요. 그렇지 않다면 당신은 훨씬 전에 죽었을 테니까. 내 말, 진지하게 잘 생각해 봐요."

선생님의 이 말을 들은 후 나는 비로소 '살아가는 동안 내가 꼭 해야 할 일'에 대해 생각해볼 기회를 갖게 되었다.

"살아가면서 내가 '해야 할 일'은 대체 무엇일까?"

그때까지만 해도 나는 대다수 사람들과 마찬가지로, 인생에서 특별히 '해야 할 일' 같은 것은 전혀 생각해 본 적이 없던 사람이다. 그저 특별할 것 없는 하루하루를 막연한 기대와 습관으로 살아가고 있었다. 하지만 이 일을 계기로 훗날 내가 해야 할 일을 깨닫게 되었다.

나는 자신의 가게를 개업하거나 창업하는 사람들을 지원하는 일을 한다. 그리고 전국 각지에 사는 다양한 사람들에게 '하고 싶은 일'이나 '해야 할 일'에 관해 상담을 하는 직업을 갖고 있다.

그 결과, 실제로 하고 싶은 일을 찾은 사람들이 얼마나 만족한 나날을 보내고 있는지, 그리고 원하는 일을 찾게 되면 그 전과 얼마나 다른 인생을 살 수 있는지 확인하고 이해하게 되었다.

앞서 말한 죽을 뻔한 다섯 번의 경험을 바탕으로, 어떻게 하면 '하고 싶은 일'이나 '해야 할 일'을 찾을 수 있을지 지금부터 함께 생각해보기로 하자.

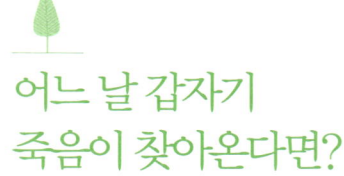
# 어느 날 갑자기
# 죽음이 찾아온다면?

당신은 죽은 사람의 소리를 들은 적이 있는가? 안타깝게도 나는 들은 적이 없다. 하지만 '하마터면 죽을 뻔한' 상황을 여러 번 겪었기에 이런 생각을 해봤다.

'그때 만약 내가 죽었다면? 그 뒤 무슨 생각을 했을까?'

그렇게 생각하니 다섯 번 정도 부딪혔던 '생과 사'의 갈림길에서 어느 길로 가게 되든 나는 단 한 번도 '죽을 예정이었던' 적이 없었다는 데 생각이 미쳤다.

나는 그 어떤 순간에도 내가 사고로 죽을 거라고는 생각조차

해보지 못했다. 아니, 설마 내가 사고로 죽겠느냐고 막연하게 확신까지 했다.

모르긴 몰라도 전국에서 매일 발생하는 사건과 사고로 인해 죽는 사람들도 아마 '설마 내가 오늘 죽다니, 믿을 수 없어.' 하는 마음이었을 것이다.

완전한 무방비 상태라고 하면 조금 과장된 말일지 모르지만, 전쟁 같은 위험이 적은 오늘날에는 대부분의 사람들이 '죽는다'는 사실을 별로 의식하지 않고 살아간다. 아예 머릿속에 그런 생각 자체가 없는 사람들도 많을 것이다.

하지만 만약 갑자기 세상을 뜬 사람들이 죽기 전에 '사자死者의 소리'를 들을 수 있다면 틀림없이 "말도 안 돼, 오늘 내가 죽다니!"라는 말을 가장 많이 할 것이다. 바꿔 말하면 사람은 죽고 나서야 비로소 후회하는 존재다.

'물론 누구나 내일 죽을 수도 있어. 하지만 적어도 나는 아니지 않을까?'

거의 모든 사람들이 이렇게 생각한다. 하지만 미안하게도 당신도 언제 죽을지 모른다. 마찬가지로 사고로 죽은 그 많은 사람들 모두가 오늘 여기서 죽을 거라고는 상상조차 하지 못했을 것이 분명하다.

나는 그래서, 당신이 갑자기 죽음을 맞이했을 때 후회하는 삶을 살지 않길 바란다. 이 글을 읽는 당신이 지금 몇 살이든 당신에게 남아 있는 한정된 시간 속에서 무슨 일이 있어도 꼭 '하고 싶은 일'을 찾아 도전했으면 좋겠다. 정말이지 그렇게 되기를 간절히 바란다.

## 마지막 하루의 가치

　인생의 마지막 하루를 돈으로 살 수 있다면, 당신은 그 날을 얼마에 사겠는가? 또는 '오늘이 마지막 날이라고 알려주는 서비스'가 있다면 당신은 그 서비스에 얼마의 가치를 매기겠는가?

　어느 날 갑자기 당신의 휴대전화가 울린다. 지금까지 들어 본 적 없는 벨소리로. 그리고 그 전화를 받으면 수화기 저편에서 나지막한 목소리가 들려온다.

　"인생의 마지막 날을 알려드리는 서비스입니다. 정말 안타깝지만, 오늘이 당신의 마지막 날입니다. 마지막 하루를 후회 없이 보내시길 바랍니다. 이용해 주셔서 감사합니다."

자신이 죽는 날 아침에 이렇게 마지막임을 알려주는 서비스가 있다면, 당신은 이 서비스에 과연 얼마를 지불하겠는가? 그리고 그렇게 알게 된 '마지막 하루'에 과연 무엇을 하겠는가?

- 소중한 사람에게 감사의 마음을 전하러 갈 것인가?
- 아이들에게 오늘 하루 어떤 말을 남기겠는가?
- 사랑하는 사람에게 이별의 말을 전하고 싶은가?
- 이제껏 하고 싶었지만 하지 못한 일을 실컷 해보겠는가?

그렇다면 만일 자신의 죽음을 '죽기 100일 전'에 알았다면 어떨까? 아마 죽기 전에 할 수 있는 일이 훨씬 많아질 것이다. 혹은 '죽는 날로부터 3650일(10년)' 전에 알았다면 어떨까. 아마도 그 날부터 죽는 날까지 10년은 정말로 하고 싶었던 일에만 몰두하려는 사람이 많아질 것이다.

정리해보면 결국, 자신이 죽는 날을 미리 안다면 진짜 하고 싶은 일을 찾아 몰두하겠지만 언제 죽을지 모르는 동안에는 하고 싶은 일에 매달리지 않는다는 의미로 해석할 수 있다.

조금 에둘러서 말했지만, 10대에서 40대의 사람들 대부분은 자신이 '죽을 날'은 아주 먼 미래의 일로 여기고 '정말 원하는 일'이나 '지금 해 두면 좋을 일'에 관해서 진지하게 고민하지 않는다.

가령 한 20대 여성이 자신이 60년 후 어떤 날에 죽을 거라는 사실을 알았다고 치자.

"60년이 지나면 80세가 넘을 테고. 게다가 60년 후라니 지금은 별로 실감이 나지 않아요."

"내가 정말로 원하는 일요? 그게 뭘까요? 아직 잘 모르겠는데……."

아마 이런 반응일 것이다.

사실 애초부터 '마지막 하루'를 알려주는 일에 가격을 매길 수는 없다. 가격을 매기건 매기지 않건 언젠가는 반드시 찾아올 뿐이다. 그래서 해야 할 일에 집중하지 못하거나 게을리 한 사람일수록 죽을 때가 다가오면 시간을 아쉬워한다.

"이럴 줄 알았더라면 한 살이라도 젊었을 때 그 일을 할 걸."

"내가 좋아하는 일을 했더라면 이렇게 후회되진 않을 텐데."

"사랑하는 사람과 더 많은 시간을 함께 보낼 걸 그랬어."

"아이들과 지내는 시간이 이렇게도 소중하다는 걸 왜 몰랐을까."

하지만 안타깝게도 인간은 원래 '마지막 하루'까지 남은 기간이 길면 길수록 절실함을 느끼지 못하는 어리석은 존재다. 사실은 시간이 많을수록 원하는 일에 쓰는 시간도 많아져야 하는데 실제로는 그 반대인 셈이다.

만약 내일 아침, 이제껏 들어보지 못한 전화 벨소리가 울린다면 당신은 어떻게 하겠는가. 그리고 '오늘이 당신의 마지막 날입니다'라는 소식을 전해준다면?

# '충실도 테스트'로 인생을 점검하라

　여기까지 읽고 '어쩌면 나는 지금까지 인생을 쓸모없이 보냈는지도 몰라' 하고 느끼는 사람도 많을 것이다. 그런 사람들을 위해 인생을 되돌아보는 자가 진단표를 준비했다.

　방법은 무척 간단하다. 각 항목을 순서대로 읽고 자신이 해당하는 문항의 □ 속에 각각 표시하면 된다. 표시한 항목 수의 합계에 따라 당신이 지금까지의 인생을 얼마나 잘 또는 잘못 보냈는지 알 수 있을 것이다.

　가벼운 마음으로 진단테스트를 시작해보자.

## 인생 충실도 진단 테스트

1 장래에 하고 싶은 일이 확실히 있다 ☐

2 지금 하고 있는 일이나 직업이 천직이라고 생각한다 ☐

3 지금까지 내가 '죽는다는 것'에 대해 진지하게 생각해 본 적이 있다 ☐

4 지금, 시간을 잊고 몰입할 만한 일이 있다 ☐

5 지금 내 관심을 끄는 일을 배우거나 공부하고 있다 ☐

6 사랑하는 사람이 있다 ☐

7 가능하다면 지금 하고 있는 일을 계속 해나가고 싶다 ☐

8 지금 하고 있는 일이 인류에게 필요한 일이라고 생각한다 ☐

9 죽기 전에 반드시 해 두고 싶은 일이 있다 ☐

10 매일, 밥이 맛있다 ☐

11 잠자는 시간조차 아깝다고 느끼는 일이 있다 ☐

12 싫어하는 일은 하지 않는다 ☐

13 내가 일을 찾아다니기보다는 의뢰가 들어오는 편이다 ☐

14 최근에 항상 바쁘다 ☐

15 오전 시간이 늘 짧게 느껴진다 ☐

16 하고 있는 일 외에 '더 보람 있는 일은 없을까?'라고 생각한 적이 없다 ☐

17 오늘이 무슨 요일인지 때때로 잊어버린다 ☐

18 인생은 짧다고 생각한다 ☐

| 19 | 매일 아침, 일어나는 것이 즐겁다 | ☐ |
|---|---|---|
| 20 | 최근 한 달 동안 휴일에 심심하다고 느낀 적이 없다 | ☐ |
| 21 | 일요일 밤이 되어도 일하러 간다는 생각에 우울해지는 일이 없다 | ☐ |
| 22 | 세상에 도움을 주고 싶다고 진심으로 생각한 적이 있다 | ☐ |
| 23 | 시간이 더 많으면 좋을 텐데, 하고 아쉬워할 때가 많다 | ☐ |
| 24 | 최근 3개월 동안 책을 읽고 하고 싶었던 일을 한 가지라도 실행했다 | ☐ |

**1번부터 24번까지 표시한 항목의 합계 (    개)**

표시한 항목 수의 합계를 써 보자.
합계 수에 해당하는 판정표가 현재 당신의 인생 충실도다.

| 0~5개 | 지금 분명히 인생을 헛되이 보내고 있다. 당장 개선하자. |
|---|---|
| 6~10개 | 개선이 필요하다. 이대로 인생을 계속 낭비한다면 매우 위험하다. |
| 11~15개 | 나쁘지는 않지만 조금 더 인생의 마지막을 의식하자. |
| 16~20개 | 당신의 인생에 낭비는 거의 없다. 할 일을 더욱 명확히 하자. |
| 21~24개 | 당신의 인생은 매우 알차다. 사회와 다른 사람에게 도움이 되는 일에 더욱 신경 쓰자. |

이 판정표를 당신을 변화시키는 계기로 삼아 삶에 보탬이 되도록 활용하자.

# 99퍼센트가 죽을 때까지
# 깨닫지 못하는 '인생의 미션'

나는 사회에 나온 후 지금까지 어림잡아도 5천 명이 넘는 경영자들과 만나왔다. 그리고 그들 가운데 99퍼센트가 살아가는 동안에 자신이 해야 할 일, 다시 말해 일생을 통해 이루어야 할 과업인 '미션'이 무엇인지 명확하게 대답하지 못했다.

창업을 해서 경영자가 된 사람들조차도 자신이 살아가는 동안에 무엇을 해야 할지 분명히 인식하지 못하고 있는 경우가 비일비재했다.

사실 자신의 인생 미션을 찾아내고, 매일 느끼면서 살 수 있는 사람은 흔치 않다. 이것은 매우 심오하면서도 어려운 일이기 때문이다. 만약 그런 사람들이라면 틀림없이 알차고 멋진 인생을 완성할 것이라고 확신할 수 있다. 자신이 할 일이 무엇인지 찾은 1퍼센트의 사람들을 보면 그 사실을 확인할 수 있다.

  솔직히 말하면 '미션을 찾는' 일이야말로 이 책의 가장 중요한 핵심 목표이며 주제이다.
  해야 할 어떤 역할도 없이 세상에 태어나 아무 목적도 없이 죽어가는 사람이 있을까? 그것이 인생이라고는 생각하는 사람은 없겠지만, '자신에게 그런 중요한 역할 같은 게 있을 리가 없다'고 생각하는 사람이 의외로 많다는 사실에 깜짝 놀랄 때가 있다. 그리고 정말 그렇게 생각한다면 큰 착각이다.
  해야 하는 일이나 역할은 어디에서 불현듯 주어지는 것이 아니라 스스로 '생각하기 시작할 때 비로소 깨닫게 되기' 때문이다.

# 얼마나 빨리 '죽음'을
# 실감하느냐가 성패를 가른다

 평소에 우리는 '죽음'에 대해 진지하게 생각해볼 시간이 거의 없다. 물론 큰 병을 앓고 있거나 늘 위험이 따라다니는 직업에 종사하는 사람이라면 이야기가 달라지겠지만, 그렇지 않은 이상 평소 죽음을 의식하고 사는 사람은 드물다. 아이러니하게도 이런 사실이 많은 사람들이 아직도 '해야 할 일'을 찾지 못하는 가장 큰 원인으로 작용한다는 게 내 생각이다.

 앞으로 살 날이, 생각할 시간이 무한정 남아 있다고 생각하는 사람은 죽음에 대해 진지하고 깊이 생각할 수 없기 때문이다.

예를 들어 오늘 당신이 무척 좋은 기분으로 눈을 떴다고 치자. 그런데 갑자기 극심한 두통이 덮쳐온다. 그래서 찾아간 병원에서 담당의사가 이렇게 선언한다면 당신은 어떻게 하겠는가?

"당신의 병은 현대 의학으로 고칠 수 없습니다. 앞으로 남은 인생은 길어야 3개월입니다."

당신은 그때서야 비로소 '죽음'이나 '남은 시간'에 대해 진지하게 고민하기 시작할 것이다. 물론 죽음에 대해 진지하게 고민하기 위해 일부러 죽을 고비를 오가는 사건이나 사고에 말려들고 싶은 사람은 없을 것이다. 나 또한 지금 생각해도 두 번 다시 그런 일을 겪고 싶지 않으니까.

결국 인간은 절박한 상황이 닥치기 전에는 죽음에 대해 구체적으로 생각하기가 곤란하다는 뜻이다. 그렇다면 사람은 어떻게 해야, 죽음이 언제라도 닥칠 수 있다는 사실을 실감하게 될까?

다른 사람의 죽음을 곁에서 지켜보거나, 혹은 그러한 체험을 다른 사람을 통해 듣는 간접 체험밖에 방법이 없다. 직접적으로 그런 경험을 하지 않은 바에야 어떤 경우에도 절박하게 죽음에 대해 생각할 순 없겠지만, 그래도 당부를 하자면 하루라도 빨리 '내게 남은 시간'에 대해 생각해보기를 바란다.

# 마지막 날에 행복하다고
# 말할 수 있는 사람의 세 가지 조건

지금까지 말한 내용을 근거로 '마지막 날'에 행복하다고 말할 수 있는 사람의 조건을 크게 세 가지로 정리해 보았다.

- 원하는 일을 찾아 행동으로 옮긴 사람
- 인생의 미션, 즉 자신의 역할을 인식하고 많은 사람에게 도움이 되고자 한 사람
- 사랑하는 사람들과의 시간과 관계를 소중히 여긴 사람

내가 지켜 본 행복한 1퍼센트의 사람들은 모두 이 세 가지 조건

을 갖추고 있었다. 다시 말하면 이 세 가지 중 어느 하나만 빠져도 마지막 날 행복했다고는 말하지 않는다.

이 세 가지 조건을 가슴에 담아둔 채, 어떻게 해야 원하는 일을 찾을 수 있는지 구체적인 해법을 찾아 떠나기로 하자.

지금부터는 나의 경험을 바탕으로 '하고 싶은 일'을 찾는 구체적인 방법을 소개할 생각이다.

제2장

# '진짜 하고 싶은 일'을 찾는 방법

"

오늘 무엇을 위해서 일하러 가는지 생각해보는 일은
'과연 내 인생은 이대로 좋은가?'라고 스스로 묻는 작업과 같다.
이런 질문을 자신에게 던질 수 있어야만 비로소 자신이 하고 싶은 일에 대한
고민을 제대로 시작했다고 볼 수 있다.

# 여행을 떠난다고 하고 싶은 일을 찾을 순 없다

"도무지 내가 누구인지, 무엇을 하고 싶은지 잘 모르겠어. 그래서 나, 긴 여행을 떠나기로 했어."

이런 말을 자주 듣는다.

'자아발견을 위한 여행길이라.'

얼핏 보면 참으로 멋진 말이고, 뭔가 매력적인 말처럼 들린다. 하지만 자아를 찾기 위해 떠나는 정처 없는 여행이 어떻게 무작정 '하고 싶은 일'을 찾아줄 수 있겠는가.

여행을 떠나 다른 나라에 가보니, 지금까지 보이지 않던 뭔가가 보이더라? 천만의 말씀이다. 미안하지만 그렇게 간단하게 자신이 원하는 일을 찾을 수 있을 만큼 인생은 만만하지 않다.

물론 개중에는 여행을 통해 자신의 꿈을 발견한 사람도 더러 있지만 그렇다고 해도 '여행을 떠났기 때문에 찾았다'고 생각하는 것은 매우 위험하다. 왜 그럴까?

가수인 나오토 인티라이미(1979년생. 본명은 나카무라 나오토이다-옮긴이) 씨를 예로 들어보자.

요즘 사람들은 그가 전국 투어 티켓을 완판할 정도로 인기가 높고, CM송을 자주 부르는 인기 가수로 알고 있다. 하지만 사실은 그보다 훨씬 전인 10년 전쯤에 데뷔를 했고 실제로 그가 유명해진 것은 불과 2년 전부터다.

처음 발매한 CD는 거의 팔리지 않았고 함께 밴드를 결성했던 멤버들이 차례 차례 음악을 포기하는 바람에 결국 나오토 씨는 혼자 남고 말았다. 그때부터 그는 한동안 은둔형 외톨이 같은 생활을 지속하며 인생의 맨 밑바닥을 경험했다.

결국 그는 512일 동안 세계 28개 국을 거치는 방랑의 여행길에 오르게 된다. 하지만 그는 아무런 목적도 없이 그저 외국을 떠돌기만 한 건 아니다. 그 증거로 그는 빈곤 여행을 하면서 세계 곳곳에서 음악을 계속했다. 팔레스타인에서는 약속도 하지 않은 채 아라파트 의장을 면회하여 그의 눈앞에서 아카펠라로 노래를 불렀고, 남미의 콜롬비아에서는 유명 아티스트 투어에 동행했으며 미국 마이애미에서는 유명한 음악 페스티벌에 참석하여 '일본인 최초 출연'이라는 역사를 남겼다.

결국 그는 '자기 발견을 위한 여행'을 떠나 새로운 무언가를 찾은 것이 아니라, 하마터면 포기할 뻔했던 음악에 대해 '나는 정말 음악을 하고 싶은가?'라고 질문을 던지고 그것을 확인하는 여행을 했다고 하는 편이 맞을 것이다.

치열한 목표 없이 자아발견을 한다는 명분으로 떠난 여행에서는 결코 '하고 싶은 일'을 발견하지 못한다. 나는 이것을 경험으로 확인했다.

몇 년 전 사업에 실패해 40명이나 되던 소중한 직원 대부분을 잃었을 때, 나는 회사를 정리하고 여행을 떠나려고 단단히 마음먹었었다. 정말이지 희망이 안 보이고, 미래가 답답했다. 그때의 심정은 명료했다.

"모든 걸 다 잊고 혼자 여행을 떠나고 싶어."

"이젠 정말 지쳤어. 좀 편해지고 싶어."

"그래, 여행을 떠나면 분명히 뭔가를 발견하게 될 거야."

나는 평소에도 한번쯤 '자아 발견을 위한 여행'을 떠나야 한다고 믿는 사람이었기 때문에 그런 여행을 계획하고 바라는 사람들의 심정을 어느 정도 이해한다.

하지만 그 상태에서 3년 가까이 지난 지금에서야 단언할 수 있다. 지금 하고 있는 일에서 도망치는 심정으로 '자아 발견 여행'에 나선다면, 그건 그저 구실 좋은 현실도피에 지나지 않는다는 것을.

일이나 인간관계에 염증이 났다거나, 지금 하고 있는 일이 자신과 맞지 않는다는 이유로 떠나는 여행은 단순한 현실도피이자 기분전환에 불과할 뿐이다. 설령 나오토 씨처럼 지금 하고 있는 일에 대한 의미와 목적을 재확인하려는 여행이었다 해도 그것은 이미 '자기 발견을 위한 여행'이 아니다. 말하자면 자신이 정말로 하고 싶었던 일을 한 번 더 확인하고 시도하기 위한 '재확인 여행'이다.

그러므로 지금 당신이 열중하고 있는 업무나 직장 환경에 신물이 날 때는 자아 발견을 위한 여행을 떠날 것이 아니라, 무엇이 싫고 무엇이 문제인지를 되짚어보고 진지하게 당신의 '마음의 휴식처'를 찾아보는 것이 좋다. 여행지보다 더 마음 편하고 깊은 생각을 할 수 있는 나만의 장소 말이다.

마음의 휴식처는 자신이 정말 무엇을 하고 싶은지, 그리고 무엇을 좋아하는지를 마음으로 확인하는 자리이므로 굳이 여행을 가지 않아도 해결할 수 있다. 예컨대 혼자 있을 수 있는 장소나 안정감을 느끼는 환경을 찾아 진지하게 자신을 성찰할 수 있다면 그곳이 어디든 충분히 가능하다.

## 하고 싶은 일이 없어도 좋다!

요즈음 주변에서 특히 자주 듣는 공통된 말이 있다. 바로 "하고 싶은 일이 없어요"나 "뭘 좋아하는지 모르겠다"는 말이다. 보통 이런 고민을 털어놓으면 큰 문제라도 생긴 양 심각해지기 일쑤인데, 내 생각은 조금 다르다.

만약 누군가가 이런 고민을 내게 상담해온다면 나는 굳이 "하고 싶은 일이 없어도 좋다"고 말해주고 싶다. 왜냐하면, 없는 게 당연하기 때문이다.

대부분의 사람들은 하고 싶은 일이 어디선가 저절로 솟아난다고 믿는 것 같다. 하지만 그런 생각은 애초부터 크게 잘못 됐다.

하고 싶은 일은 '찾아지는 것'이 아니라 '찾아내는 것'이기 때문이다. 처음부터 적극적으로 찾아 덤비지 않으면 백날이 지나도 결코 찾지 못한다.

같은 맥락에서, 나는 많은 사람들이 자신이 원하는 일을 찾지 못한 데는 특별한 이유가 있는 게 아니라 단지 '이제껏 진지하게 찾으려 하지 않았기 때문'이라고 생각한다.

만약 당신이 지금까지 하고 싶은 일이 없었다면 그것을 당연하게 여겼다는 증거이다. 반대로 앞으로 당신이 그것을 찾으려고 의식을 변화시킨다면 하고 싶은 일을 찾기란 그리 어려운 일도 아니라는 점도 명심하자.

"지금 하고 있는 일에 특별히 불만은 없지만, 문득 '이것이 정말 내가 하고 싶은 일이었나?' 그런 생각이 들 때가 있어요."

얼마 전 고객과 대화 도중에 나온 말이다. 하지만 인생에서 그토록 소중한 일을 '문득 생각나는 것'만으로 찾으려고 한다면 어불성설이다.

진짜 자신이 원하는 일이 무엇인지 알게 된다는 것은 자신의 일생을 좌우할 만한 중요한 열쇠를 찾았다는 뜻이다. 그런데도 그것이 '갑자기' '불현듯' 떠올라 찾을 수 있는 것처럼 여기거나 말하는 것은 마치 동네 뒷산도 올라가 본 적이 없는 사람이 "에베레스트 등반쯤이야 식은 죽 먹기지."라고 말하는 것과 같다.

  진지하고 깊이, 그리고 차분하게 생각하면서 자신의 진짜 일을 고민하는 자세는 무척 중요하다. 특히 중간에 포기하지 않고 끈기 있게 찾아가는 자세야말로, 하고 싶은 일을 알아내는 데 가장 중요한 덕목이다.
  결과적으로는, 인생에서 '하고 싶은 일'을 발견하는 것이 얼마나 중요한 일인지 깨닫지 못하고, 그 가치와 중요성을 제대로 인식하지 못하는 태도야말로 '하고 싶은 일'을 찾지 못한 사람을 양산하는 가장 큰 원인이다.
  따라서 다시 한번 강조하지만 하고 싶은 일이 없어도 좋다. 그것이 지금까지는 어쩌면 당연한 일이다. 하지만 앞으로 남은 인생을 진정 활기차고 보람 있는 삶으로 채우고 싶다면 무조건 그것을 찾아나서야 한다.
  진지하게, 꾸준히 그것을 찾으려고 애쓰는 사람에게는 반드시 실마리가 눈에 띌 것이다. 지금 당장, 지금까지와는 조금 다른 자세로, 진지하게 한번 자신이 원하는 일을 찾아보겠다고 마음 먹는 것부터 시작해보자.

# 하고 싶은 일이란 무엇인가?

　도대체 '하고 싶은 일'이라는 게 뭘까? 또 어떤 과정을 거쳐 '하고 싶은 일'을 찾게 되는 것일까?
　이번에는 그 정체를 좇아가 보자. 앞에서 '하고 싶은 일'은, 찾아야겠다고 맘 먹고 찾으려 들면 반드시 찾을 수 있다고 말했다. 하지만 아무리 마음이 굴뚝 같아도 막상 어떻게 찾아야 할지 모르는 사람이 태반이다. 따라서 하고 싶은 일의 정체가 과연 무엇인지, 그것부터 생각해 볼 필요가 있다.

　내 생각에 하고 싶은 일의 정체는 바로 '성취감'이다.
　다시 말해, 사람은 성취감을 느끼게 되면 머지않아 그 일이 '하고 싶은 일'로 바뀌어간다고 하는 편이 더 정확한 표현일 것이다. 즉, 어릴 때부터 간직해 온 '꿈'이나 '좋아하는 일' 같이 의식의 표면에 드러나 있는 하고 싶은 일은 성취감을 느낄 때 비로소 '진짜' 하고 싶은 일로 탈바꿈한다는 뜻이다.

현재 메이저리그에서 활약하고 있는 스즈키 이치로 선수가 초등학교 졸업문집에 '내 꿈은 훌륭한 메이저리그 선수가 되는 것'이라고 썼다는 일화는 유명하다. 그리고 정말로 그 꿈을 이루어 냈다는 점에서 세인의 부러움을 산다. 요컨대 그는 자신이 '하고 싶은 일'을 일찌감치 찾아서 실현한 인물이다. 하지만 만약 이치로 선수가 야구를 계속하면서 '성취감'을 느끼지 못했다면 어땠을까? 과연 그는 지금까지 야구를 계속 할 수 있었을까?

그에 대한 대답을 하기 전에 먼저 이치로 선수가 어떤 때 성취감을 느낄지 상상해보자. 이 답은 그가 야구선수로 '활약'함으로써 어떤 일이 벌어지는지를 생각해보면 자연스럽게 알 수 있다.

이치로 선수가 안타를 치면 어떤 일이 벌어지는가? 이치로 선수가 새로운 기록을 세웠을 때, 경기장에 있는 관객들은 어떤 행동을 취하는가? 팀원들과 감독은 어떻게 느끼는가? 그 결과 이치로 선수의 연봉은 어떻게 변할까? 생활수준이나 인지도는 어떻게 달라질까?

이치로 선수가 활약을 하면 할수록 많은 변화가 생긴다. 신기록을 세우면 경기장에 있던 관객이 모두 일어나 선수에게 아낌없는 박수를 보낸다. 팀을 응원하는 주변 사람들이나 감독도 크게 기뻐할 것이고 연봉도 따라 오르며 그와 더불어 생활수준도 달라진다.

무엇보다도 그는 자신을 보면서 자란 아이들에게 '꿈'과 '희망'을 심어 준다.

"이치로 선수처럼 되고 싶어요."

"나도 훌륭한 메이저리그 선수로 활약하고 싶어."

"일본인도 메이저리그에서 활약할 수 있구나!"

어떤가. 정말 보람 있는 일이라고 생각하지 않는가.

하지만 만일 이치로 선수가 뛰는 경기가 '무관객 시합'이었다면 어떨까? 관객도, 응원해주는 사람도 없고 꿈과 희망을 꾸게 될 아이도 없다. 그저 경기만 할 뿐이라면 이치로 선수는 지금처럼 쭉 야구를 계속할 수 있었을까? 그리고 무엇보다 '성취감'을 느낄 수 있었을까?

즉, 이치로 선수는 야구를 좋아하기 때문에 '하고 싶은 일'이 된 것이 아니며, 좋아한다는 이유 하나만으로 야구를 계속해온 것도 아니다. 분명 좋아하는 야구를 지금까지 계속함으로써 보람과 성취감을 느꼈기 때문에 계속할 수 있었을 것이다. 그래서 마침내

'좋아하는 일이' '하고 싶은 일'이 되었다고 해야 정확한 답일 것이다.

　이처럼 자신이 그저 좋아하는 일이라고 해서 하고 싶은 일이 되는 것이 아니라, 사람들이 실제로 기뻐해주어야 보람과 성취감을 느끼는 것이다.
　따라서 당신이 하고 싶은 일을 찾으려면 반드시 동시에 성취감을 느낄 수 있어야 한다. 성취감을 느낀 후라야 비로소 하고 싶은 일을 찾을 수 있게 되기 때문이다.
　사소한 지적 같지만 사실 이것은 매우 중요한 점이다. 이 전제를 잊지 말고 기억해두자.

# 하고 싶은 일을 찾는 사람
# vs. 찾지 못하는 사람

　앞에서 하고 싶은 일을 찾아 알찬 인생을 보내는 사람은 단 1퍼센트밖에 되지 않는다고 말했다. 그렇다면 과연 자신이 원하는 일을 찾을 수 있는 사람과 찾지 못하는 사람은 무엇이 다를까?

　사람에 따라 천차만별이겠지만, 그중 대표적인 차이점만을 적어서 각각 15항목씩 비교해 보려고 한다.

　이 테스트를 해봤더니 당신이 '찾지 못하는 사람'쪽에 더 많은 항목이 해당된다면 개선이 필요하다. 이런 사람은 '찾을 수 있는 사람'쪽의 항목이 한 가지라도 더 많아지도록 앞으로 조금씩 행동을 바꿔나가면 된다.

중요한 것은 문제를 인식하고 조금씩이라도 행동은 바꾸는 것이다. 병을 치료하는 것과 마찬가지로 조금이라도 빨리 발견하고 빨리 치료하면 우려할 만한 결과는 생기지 않는다.

하지만 행동을 바꿔야 한다는 사실 자체를 깨닫지 못하면 개선할 방법이 없을 뿐만 아니라 고치려는 시도조차 하지 않게 된다.

인생은 단 한 번뿐이다. 미래를 아주 조금씩이라도 더 좋은 방향으로 바꾸려는 노력, 오늘부터 당장 시작하자.

지금부터의 테스트를 냉정하고 객관적으로 시작해보자. 평소 생각과 습관, 가치관이 반영되어 있지만 설령 부정적인 결과가 나왔다 해도 상심할 필요는 전혀 없다. 바로 지금이 문제를 인식하는 첫번째 단계이니까.

### 하고 싶은 일을 찾을 수 있는 사람

① 찾는 방법을 알고 있거나 우연히 알게 된다

② 좋다고 생각한 일은 곧바로 행동으로 옮긴다

③ 인생은 시간이 한정되어 있다는 사실을 알고 있다

④ 자신이 어떤 사람이 되어야 하는지를 중요하게 여긴다

⑤ 원하는 일을 진지하게 찾고 있다

⑥ 언제나 자기 마음의 소리에 귀 기울이고 그에 따른다

⑦ 다른 사람의 의견을 잘 듣지만 판단은 스스로 한다

⑧ 자신의 미래를 믿는다

⑨ 세상에 대한 자신의 역할을 생각한다

⑩ 끈기 있게 계속해서 찾는다

⑪ 다른 사람을 위해서 열심히 일하는 데 기쁨을 느낀다

⑫ 필요한 노력을 아까워하지 않는다

⑬ 운명을 받아들인다

⑭ 변화를 두려워하지 않는다

⑮ 다른 사람에게 의존하지 않는다

## 하고 싶은 일을 찾지 못하는 사람

① 어떻게 찾아야 할지 방법을 모른다

② 인생에는 시간이 한정되어 있다는 사실을 인식하지 못한다

③ 생각을 행동으로 옮기지 못한다

④ 진지하게 찾으려고 하지 않는다

⑤ 자신의 미래를 믿지 못한다

⑥ 다른 사람의 의견에 좌우된다

⑦ 무언가에 의존하려고 한다

⑧ 자신과 당당히 마주서지 않는다

⑨ 항상 같은 변명을 늘어놓는다

⑩ 자신의 가치를 깨닫지 못한다

⑪ 자신에 대해 잘 알지 못한다

⑫ 이익과 손해를 따지지 않고는 열심히 하지 못한다

⑬ 쉽게 포기한다

⑭ 불만이 있으면 다른 곳으로 도망친다

⑮ 변화를 두려워한다

# 당신은 무엇을 위해 일하러 가는가?

'당신은 오늘 왜 일하러 가는가?'
'날마다 그토록 힘들게 일을 하는 목적은 과연 무엇인가?'

당신이 이 질문에 바로 대답을 했다면 적어도 오늘 일하러 가는 목적에 대해 '우선은 대답할 수 있는 사람'의 부류에 속한다. 하지만 만약 아래와 같이 대답했다면 일하는 의미에 대해 조금 더 깊이 생각해야 한다.

'돈 때문에' '생계를 잇기 위해' '가족을 위해' '살기 위해' '아무 생각 없이' '솔직히 가기 싫지만 다른 일거리가 없어서 할 수 없이' '더 좋은 일자리가 있을 것 같지만 새로 시작할 용기가 없어서' '여기밖에 일할 곳이 없어서' '겨우 찾은 일자리인지라 오늘도 여기서 일할 뿐' 등.

심지어 어떤 사람은 이런 대답조차 하지 못할지도 모른다.

깊이 생각한다는 것은 무슨 뜻일까?

나는 그것을 '파고들어 고민한다'는 뜻으로 해석한다. 그러므로 '돈 때문에' 일한다고 답한 사람은 조금 더 파고들어, 그 다음에는 어떻게 하고 싶은지를 생각하라. 돈 때문에 일해서 번 돈으로 무엇을 하고 싶은지 생각해 보라는 뜻이다.

생계를 위해서 일을 한다고 답한 사람이라면 장래에는 어떤 생활을 하고 싶은지 고민해보자. 일하는 의미를 찾을 수 없다고 답한 사람은 자신이 정말 무엇을 하고 싶은지 곰곰이 생각할 필요가 있다.

오늘 무엇을 위해서 일하러 가는지 생각해보는 일은 '과연 내 인생은 이대로 좋은가?'라고 스스로 묻는 작업과 같다. 당신이 정말로 원하는 일을 찾으려면 스스로에게 던지는 이런 질문을 피하지 말아야 한다. 오늘 일하러 가는 의미가 무엇이든, 이 현상을 되짚어 보고 앞으로 어떻게 하고 싶은지, 또 어떻게 되고 싶은지 스스로에게 자주 물어보라.

만약 '일하러 가고 싶지 않지만 여기밖에 일할 곳이 없다'라고 대답했다면 이번에는 이런 질문을 던져야 한다.

'내가 매일같이 기쁜 마음으로 일하러 가고 싶은 일은 과연 무엇일까?'

이런 질문을 자신에게 던질 수 있어야만 비로소 자신이 하고 싶은 일에 대한 고민을 제대로 시작했다고 볼 수 있다. 이렇게 자신에게 질문하는 시간을 조금씩 늘려가야 한다. 그렇지 않으면 아무리 세월이 흘러도 자신이 하고 싶은 일이 무엇인지 확실하게 알지 못한 채로 살다가 죽게 된다.

## 당신을 옭아맨 굴레를 벗어던져라

지금 사람들이 처한 상황은 각양각색일 것이다. 하지만 '하고 싶은 일'을 찾기 위한 방법은 하나다. 가장 먼저 지금 당신을 '속박하고 있는 것'을 모두 벗어던지면 된다. 그렇게 머릿속을 싹 비운 상태에서 생각하라. 우선 구체적으로는 '할 수 없는 이유'들을 걷어치워야 한다. 바로 이런 생각들 말이다.

"내가 진짜 하고 싶은 일이야 있지. 하지만 내 아이들이 너무 어려서 안 돼."

"시작하기엔 돈이 너무 부족해서 안돼."

"부모님이 병으로 누워 계셔서 어쩔 수 없어."

인생은 원래 그 누구도 아닌 자신을 위한 것이다. 자신 이외의 무언가에 얽매여 살아가는 동안에 자신이 해야 할 일을 미루거나 방관하는 것이야말로 인생을 헛되이 낭비하는 것이다.

재미있게도 인간의 뇌는 자신이 의식하거나 관심이 있는 대상에 대해서는 무의식중에 정보를 수집하는 능력을 갖추고 있다. 가령, 많은 사람이 오가는 거리를 걸을 때 평소 마음에 드는 모자나 소지품을 갖고 있는 사람을 발견한 적이 있을 것이다. 이는 평소에 관심을 갖고 있던 물건에 대해 '항상 정보를 수집하라!'는 지시가 당신의 뇌 속에서 작동하고 있기 때문이다. 이런 경험은 누구나 한번씩 하게 된다.

반면 평소에 신경 쓰지 않는 일이라면 그에 관한 정보가 눈앞에 아무리 가까이 와도 비껴갈 것이다. 다이어트에 관심이 있는 사람에게는 다이어트 정보만 보이는 것과 같은 이치다.

따라서 만약 지금은 여러 가지 여건 때문에 하고 싶은 일을 실행에 옮기기 힘든 상황에 놓여 있더라도 생각이나 의식만큼은 마음껏 해보길 권한다. 그렇게 해야 결과적으로 당신이 하고 싶은 일에 관해 필요한 정보와 기회를 끌어당길 수 있다. 생각하고 의식하는 것만으로도 자연히 정보를 수집하게끔 연결된다는 뜻이다.

사람들이 각자 갖추고 있는 능력은 사실 짐작하기 어려울 만큼 대단하다. 하지만 그 사실을 깨달을 수 있느냐의 여부는 전적으로 평소에 진지하게 생각할 시간을 갖고 있느냐, 아니냐에 달려 있다.

당신이 '정말 하고 싶은 일'을 고민할 때는 먼저, 지금 당신을 옥죄고 있는 굴레를 훌훌 벗어던지는 것부터 시작해보라. 당신이 안고 있는 여러 가지 문제를 의식한 채로는, 하고 싶은 일에 제동을 거는 방해 요인만 잔뜩 떠올라 결국은 원하는 일에 대해 깊이 생각하는 것 자체를 포기하게 된다.

그동안 다양한 상담을 하면서 느꼈지만, 그렇게 옴짝달싹하지 못하는 상황으로 내몰리는 사람이 엄청나게 많다. 그러니 부디 자유로운 발상으로 하고 싶은 일을 생각하려면 당신이 몸에 두르고 있는 굴레를 전부 벗어던지고 가벼워져야 한다. 그래야 비로소, 진짜 어떤 일을 원하는지, 또 무엇을 하고 싶은지를 생각해볼 시간과 마주할 수 있다.

특히 "시간이 없다"는 말을 하는 사람들을 자주 보는데, 이런 사람들도 자투리 시간을 이용하면 충분히 가능하다. 이 세상에는 아무리 바빠도 화장실이나 욕실조차 가지 않는 사람은 없다. 또한 잠을 자지 않는 사람도 없다. 화장실이나 욕실에 들어갈 때, 그리고 잠자기 전에 잠깐이라도 좋으니 자신이 정말 하고 싶은 일이 무엇인지 편안한 마음으로 생각해보자. 이런 사소해 보이는 일이 사실 당신의 인생에서는 중요한 의미가 있다.

# 자신을 파악하는
# 작업부터 시작하라

　이 책을 쓰고 있는 중에 나는 우연히도 '지금 하고 싶은 일을 찾지 못 하겠다'는 사람을 여러 명 만났다.
　"살아가는 동안에 뭔가 하고 싶은 일이 있다면 어떤 일을 하고 싶으세요? 한번 진지하게 생각해 보시겠어요?"
　이런 나의 질문에 그들의 대답은 늘 비슷했다.
　"막상 생각하려니 막연하기만 하고 무엇부터 생각해야 좋을지 모르겠어요."
　"내가 뭘 하고 싶은지 도통 모르겠으니 생각할 방법조차 없네요."

이런 대답을 한참이나 듣고서야 나는 갑자기 던진 이런 질문에 대답하지 못하는 사람이 대부분이라는 사실을 깨닫게 되었다. 그래서 더욱 간단한 질문으로 바꿔 다시 물었다.

"그러면 좋아하는 일은 뭐죠?"

"싫어하는 일은요?"

이 질문에 대한 해답은 간단하다. 자신이 소유한 물건이나 서비스 또는 음식, 게임, 사람, 사고방식이나 개념 등 그것이 무엇이든 무조건 당신이 '좋아하는 것'과 '싫어하는 것'을 최대한 많이 써보는 것이다. 이런 작업은 초등학생들도 할 수 있는 것이니 다 큰 어른이 하지 못할 리 없다.

마찬가지로, 하고 싶은 일이 없고 생각조차 나지 않는다고 생각하는 사람도 '좋아하는 것과 싫어하는 것'의 항목을 각각 최소 50개 정도 노트에 적어보라.

처음에는 잘 떠오르지 않겠지만, 조금씩 자신을 파악해 감으로써 점점 '생각하는 일'에 익숙해지는 것이 중요하다.

참고로 내가 적은 목록을 소개해보겠다.

### 내가 좋아하는 것

수박, 스테이크, 여행, 햄버거, 키르페본*에서 파는 타르트, 레이디 가가, 돈, 성취감, 디즈니랜드, 지압, 우정, 에반게리온, 원피스, 부록, 온천, 특별대접, 파티, 축제, 웃음, 스노보드, 가라오케, 다른 사람을 기쁘게 하는 일, 서프라이즈, 신속한 서비스, 이익발생구조, 아이디어, 디자인, 독서, 드라이브, 바다, 강, 행동력, 에너지, 개, 고양이, 관상어, 영화, 독일와인, 가족, 사슴벌레, 추로스, 다른 사람에게 도움을 주는 일, 조건 없는 사랑, 몰두하는 일, 고급호텔, 루팡 3세-칼리오스트로의 성*, 블루 하츠*, 날카로운 사람, 일류, 레스토랑, 야경, 믹스주스, 천사의 초코링*, 기타, 낚시, 모스버거*, 매실주, 낫토*······.

* 키르페본 - 일본의 케이크 전문점
* 루팡 3세 칼리오스트로의 성 - 1979년 미야자키 하야오 감독이 만든 만화영화,
* 블루 하츠 - 1985년에 결성된 일본의 록 밴드
* 천사의 초코링 - 일본의 베이커리 〈Heart Bread ANTIQUE〉에서 파는 빵 종류의 하나
* 모스버거 - 일본에서 운영하는 햄버거 체인점이자 햄버거 이름
* 낫토 - 푹 삶은 메주콩을 볏짚 꾸러미에 넣어 띄운 일본의 전통 식품

어떤가. 어떤 연관성도 없는 것들 투성이다. 이처럼 〈좋아하는 것〉을 써보고 최대한 단어 수를 많이 열거하는 데 주력해보라. 어쩌면 생각보다 적은 가짓수밖에 떠오르지 않는 사람이 많을 것이다. 이는 본래 가장 잘 안다고 여겼던 자신의 감정조차 사실은 제대로 알고 있지 못하다는 사실을 보여준다.

이번에는 이것들을 카테고리로 묶어서 각각 적어보자. 이를테

면 '음식' 중에서 단것을 좋아한다거나, 반대로 약초류가 들어간 음식은 딱 질색이라는 등 그 특징들이 보일 것이다.

이 작업을 해보면 백 사람이면 백 사람 모두 각자 좋아하고 싫어하는 것이 제각각 다르다는 사실을 발견하게 된다. 이 편향이 '어떤 일을 하고 싶고 어떤 일이 하기 싫은지' 당신의 기호와 성향을 나타내는 중요한 실마리를 제공한다. 따라서 이러한 편향 속에서 당신이 정말로 하고 싶은 일을 차츰 발견해가는 것이다.

가령, 단것을 좋아한다면 단것을 맘껏 먹을 수 있는 직업을 목표로 하면 어떨까? 아니면, 혹시 제과점을 열고 싶다는 답이 나올지도 모른다.

좋아하는 것을 다 적어놓고 봐도 특정한 취향이나 편향이 드러나지 않아, 자신의 특징을 잘 모르겠다는 사람도 걱정할 필요가 없다. 아무 것도 생각해 본 적이 없는 사람이 이렇게, 생각하기 시작했다는 사실만으로도 큰 성과라고 할 수 있다. 우선은 부딪혀보고 또 행동으로 옮기는 일이야말로 무엇보다 중요하기 때문이다.

'하고 싶은 일'을 찾는 데 가장 필요한 것은 '내가 정말로 하고 싶은 일은 무엇일까?'에 대해 '생각하는 시간'을 늘리는 일이다. 처음부터 쉽게 찾을 수는 없지만 일단 이렇게 간단한 일부터 시작하는 것이 중요하다.

## 내가 싫어하는 것

셀러리, 파쿠치* 비겁한 사람, 편견, 약속을 지키지 않는 사람, 비행기, 배멀미, 헛됨, 꾸지람, 상식, 매너 나쁜 사람, 높은 곳, 제트코스터, 대관람차, 인파, 주사, 병, 바퀴벌레, 집단 따돌림, 사기 당하는 일, 지진, 만원 지하철, 클레임, 행렬, 교통 체증, 장례식, 대안 없는 비판, 험담, 뒷욕, 데미글라스* 소스지네, 거미, 약속 시간에 임박해서 약속을 깨는 일, 변명, 새치기, 불친절, 퉁명함, 불쾌감, 가난, 불필요, 불합리, 부실함, 삼류, 영화 〈미스트〉, 손님에게 바가지 씌우기, 집요한 사람, 차별, 불필요한 털, 불결, 까다로운 책, 가짜, 군살, 경박한 사람, 자살, 제멋대로인 사람, 오만한 사람, 키위, 아세롤라* 착각…….

* 파쿠치 – 달콤한 레몬 향과 감귤류 같은 단맛이 나는 향신료
* 데미글라스 – 양식 요리에서 사용하는 기본 소스 중 하나
* 아세롤라 – 열대 과실수 중 하나

그렇다면 당신이 싫어하는 것들은 어떤 것이 있는가?

평소 자신을 짜증나게 했거나 즐겨 먹지 않거나, 생각하면 화가 나는 것들을 생각해 차분히 적어보자. 많으면 많을수록 구체적이어서 도움이 될 것이다.

# 자신의 직감을 믿어라

결단을 내린다는 말을 달리 표현하면 '믿는다'는 뜻이다. 지금 당신이 하는 일이나 열중하고 있는 일이 장래에 당신을 더욱 성장하게 해 줄 거라고 생각한다면 그 직감을 믿어보자.

만일 그렇지 않다면, 당신은 재빨리 현재의 상황을 바꾸는 방향으로 검토해야 한다. 당신의 인생은 시간이 한정되어 있기 때문이다. 더 나은 삶을 살기도 부족한데 멋진 미래를 예감할 수 없는 일에 시간을 투자하고 몰두할 필요는 없지 않은가.

당신은 지금보다 더 멋진 미래를 안겨줄 것이라고 여기는 일에 더 많은 시간을 할애해야 한다. '왠지' 또는 '어쩌면' 미래가 더욱 빛날 것 같은 일이 있다면 그것도 좋다.

그게 무엇이든 부디, 당신의 직감을 믿으라고 말해주고 싶다.

결국, 그렇게 작은 일에서부터 인생은 차츰 변화를 일으키기 시작한다. 나의 인생이 그랬던 것처럼, 당신의 인생도 서서히 움직이기 시작할 것이다.

그러니 생각하고 행동해서 작은 결과를 얻고 또 생각하라. 꾸준히 생각하면 머지않아 당신은 직감적으로 정말 하고 싶었던 일을 떠올리게 될 것이다. 당신의 직감을 믿을 수 있을 때까지 끊임없이 생각하고 그 결단을 믿는 일이야말로 하고 싶은 일을 찾는 첫 번째 방법이다.

”
인생은 원래 그 누구도 아닌 자신을 위한 것이다.
자신 이외의 무언가에 얽매여 살아가는 동안에
자신이 해야 할 일을 미루거나 방관하는 것이야말로
인생을 헛되이 낭비하는 것이다.

제3장

# 변화를 가로막는
# 7가지 장애물에 맞서는 방법

"
다른 사람이 어떻게 생각할지를 의식하지 말고
내가 어떤 모습이고 싶은지 생각하라!

# '공포'를 이기는 단 한 가지 방법

당신이 인생을 바꾸기로 마음먹었을 때, 맨 먼저 덮쳐오는 무서운 적은 바로 '공포'다.

'정말로 하고 싶었던 일을 찾았으니 회사를 그만둬야겠어.'
라는 생각을 했을 때 바로 공포가 당신을 공격한다.

"그만둬도 정말 괜찮을까?"

"후회하지 않을까?"

"지금처럼 생활은 제대로 돌아갈까?"

"이 결정이 진짜 옳은 걸까?"

공포는 당신이 지금까지 경험한 적 없는 '미지의 상황'을 두려

위하는 감정에서부터 비롯된다. 하지만 이 무서운 적을 이기지 못하면 당신이 실제로 행동에 옮기고 인생을 더 나은 방향으로 변화시키는 것은 불가능하다.

   나중에 깨닫게 된 사실인데, 내가 회사를 그만두려고 마음먹었을 당시 내린 결단은 지금까지 40년 동안 살아오면서 내린 수많은 결정 중에서 가장 공포스러운 결단이었다. 동시에 가장 멋진 결단이기도 했다. 즉, 멋진 결단일수록 공포심도 그에 비례해 더 심할 수밖에 없다.

   이 무서운 적을 이기는 방법은 단 한 가지, 공포를 이길 만큼 '성공한 미래'를 절실하게 마음속에 품는 것이다. 공포를 떨쳐버릴 만큼의 강렬한 희망을 상상할 수 있을 때 비로소 당신은 공포라는 무서운 적을 극복하고 행동으로 옮겨갈 수 있다.

## '불안'을 완전히 없애는 방법

불안은 어디서 오는 것일까?

내가 사회에 나와 가장 먼저 불안을 이겼던 방법은 정말 단순했다.

영업회사에 입사한 지 얼마 지나지 않아, 처음 방문영업에 나서기로 되어 있던 결전의 날이었다. 나는 불안을 이기기 위해 아침 일찍 남자 화장실 안에서 혼잣말을 하기 시작했다.

"나는 할 수 있다…… 나는 할 수 있다…… 나는 할 수 있다……(중얼중얼)."

"방문영업 그까짓 거 별거 아냐. 나는 할 수 있어. 나는 할 수 있어."

"나는 할 수 있다! 나는 할 수 있다! 나는 할 수 있다! 방문영업 정도야 막상 해보면 쉬울 거야."

지금 돌이켜보면 매우 창피한 일이지만, 당시에는 한 번도 해본 적이 없는 방문영업에 대한 불안감에 짓눌려 심장이 으스러질 것만 같았다. 그 불안한 마음을 없애려고 '나는 할 수 있다'는 말을 매일 아침 15분 가량 혼자 반복했던 기억이 난다. 화장실에 틀어박혀서 두려움을 떨칠 주문을 스스로에게 들려주고 또 들려주었던 것이다.

'만일 실패하면 어쩌지?'
'제대로 해내지 못하면 어떡하나?'
이렇게 안절부절하던 마음의 밑바탕에는 내가 해내지 못할 것 같고 실패할지도 모른다는 막연한 불안감이 자리하고 있었던 것 같다. 나 자신을 믿는 마음이 약한 탓에 불안감이 훨씬 커졌으며 이 불안한 마음을 필사적으로 없애기 위해 스스로 찾아낸 행동이었다.

서른 살 때 창업할 때도 '공포'와 '불안'은 사이좋게 손을 잡고 나를 덮쳐왔다. 하지만 그때 내가 선택한 대처법은 나 자신에게 중얼중얼 말을 들려주던 예전의 방법이 아니라 '마음을 가다듬는' 새로운 방법이었다.

"지금 이대로 하던 일을 계속한다면 미래에 과연, 이 일에 만족했다고 자신 있게 말할 수 있을까?"

"지금 당장의 지위와 대우는 크게 중요하지 않아. 내 인생에서 더 중요한 건 무엇인가?"

"내가 진짜 원하는 일은 뭘까? 지금 하고 있는 일로 괜찮은 걸까?"

"현재 환경에서는 더 이상 크게 성장할 가망이 없어. 그런데 왜 나는 여기에 있는 걸까?"

"죽기 직전에, 지금의 연장선상에 있는 내 모습에 미치도록 후회하지 않을까?"

이런 질문들을 차분히 해보면서 마음을 조금씩 다스렸다. 그러자 그때까지 불안하던 마음이 거짓말처럼 사그라졌다.

불안을 극복하는 방법은 한 마디로, 불안한 마음을 하나씩 정리하고 마침내 '결단을 내림으로써' 불안을 완전히 없애버리는 것이다.

# '망설임', 성공밖에 모르는 바보가 되라

일단 뭔가 해보겠다는 마음을 먹었다면 절대 망설이지 말아야 한다. '망설이는 것'이야말로 무엇보다 치명적이기 때문이다.

겁을 주려는 의도는 아니지만, 창업에 관해 일 년에 500건 이상의 상담을 하다 보면 제때 결단을 내리지 못하고 망설이던 경영자가 이후 회사나 점포 운영을 잘 해나간 기억이 도통 없다.

당신이 이제 막 일하게 된 회사 사장이나 점주가 만약 개업 전에 다음과 같이 중얼거린다면 어떻겠는가?

"아! 다음 달부터 진짜 시작해야 하나, 말아야 하나? 솔직히 아직도 결정을 못 내리겠어."

"역시 회사를 창업하는 건, 나한텐 아직 이르지 않을까?"

이런 말을 들은 주위 사람들이 어떻게 생각할지는 쉽게 상상할 수 있다. 또한 입 밖으로 내지는 않더라도, 개업 초기부터 사장이나 점주가 결단을 내리지 못하고 갈팡질팡하는 모습을 보인다면 함께 일하는 사람들에게 이 '망설임'은 그대로 전달되고 만다.

회사나 가게를 '배'라고 가정해보자. 어디로 가야 할지 선장이 헷갈려 한다면 그 배에 타고 있는 사람들은 모두 우왕좌왕하게 될 것이 분명하다. 따라서 어떤 일을 시작하거나 달라지기로 마음먹었다면 절대로 망설여서는 안 된다.

변화하겠다고 결심했다면 한순간도 망설이거나 흔들리지 말고 힘차게 앞으로 나아가야 한다. 성공하는 모습만 머릿속에 떠올릴 정도로 강인한 의지가 필요하다.

# '습관', 마법의 언어로 떨쳐버려라

　자신이 하고 싶은 일을 하기로 마음먹고 행동에 옮기려고 할 때 먼저 주위 사람들의 의견을 묻게 된다. 그리고 참으로 다양한 의견을 듣게 된다. 하지만 정말 당신이 원하는 일이라면 주위 사람들의 말에 흔들리지 말아야 한다.
　"이제 와서 그런 일을 하겠다니! 생각처럼 잘 될까?"
　"하고 싶었던 가게를 시작한다는 게 마음처럼 쉬운 일인 줄 알아?"
　"지금 같은 불황기에……. 세상은 그렇게 호락호락하지 않을 텐데."
　원래 인간의 특성인지는 모르겠지만 다른 사람의 시선이나 의견을 지나치게 의식하면 자신을 믿지 못하게 되는 것 같다. 창업을 원하는 사람들을 만나 보면 마치 그러한 생각의 습관이 뿌리까지 박혀 있는 것 같다는 생각을 지울 수가 없다.

나도 마찬가지 과정을 겪었다. 처음 회사를 그만두기로 마음먹었을 때 거래처나 동료, 친구, 선후배 등 여러 분야에서 일하는 사람들이 너나없이 조언을 해주었다. 하지만 조언은 단지 그 사람의 사고방식이고 의견일 뿐, 안타깝게도 대부분 근거를 갖춘 진실한 조언이 아닐 확률이 높다.

근거를 갖추지 못한 '다른 사람의 의견'에 좌우되어 자신의 인생이 완전히 달라져도 괜찮은가?

어떤 일에 결단을 내려야 할 때 도움이 되는 말 하나를 소개한다.

'다른 사람이 어떻게 생각할지를 의식하지 말고 내가 어떤 모습이고 싶은지 생각하라!'

문방구에서 우연히 발견한 엽서에서 읽은 말인데, 다른 사람의 의견에 휘둘리기 쉬운 사람이나 결단의 순간을 맞이한 사람에게는 마치 마법의 언어처럼 큰 도움이 될 것이다.

당신의 인생이다. 다른 사람이 어떻게 생각할지에 얽매이기보다는 자신이 어떻게 되고 싶은지를 고민하는 것이 훨씬 중요하지 않을까.

# '소심', 지켜야 할 것이 많아도 결단을 내릴 수 있다

　내가 회사를 그만둘 당시 도쿄지사에는 나를 포함해 다섯 명의 영업부장이 있었다. 나는 최연소로 부장 직에 올랐지만 취임한 지 2년도 채 지나지 않아 회사를 떠나는 입장이었고, 다른 네 명의 영업부장은 그러한 내게 따로 따로 송별회를 열어주었다. 결국 나중에 따져보니, 총 일곱 번이나 되는 송별회를 가졌던 것 같다. 물론 각자 호의를 갖고 마련해 준 자리라 무척 기뻤지만, 송별회가 회를 거듭할수록 나는 그들이 왜 한 사람씩 따로 송별모임을 열어주었는지 비로소 그 의도를 알게 되었다.
　바로, 그분들도 언젠가는 '독립하려고 마음먹고' 있었기 때문이다. 개중에는 다분히 흥미 차원이었던 사람도 분명 있었겠지만, 대부분 다른 의도가 있었던 것은 사실이다.

네 명의 부장이 마련해 준 송별회에는 그다지 많지 않은 인원이 모였다. 그래야 회사를 그만두고 독립하는 나와 비밀스럽게 이야기할 기회를 많이 만들 수 있을 테니 말이다.

"실제로 독립하게 되니 심정이 어떤가?"

"왜 독립을 결심한 거지?"

"최연소로 본사 영업부장까지 되었는데 왜 그만두는 거야?"

"아깝지 않은가?"

"이제 무슨 일을 할 계획인가?"

이처럼, 궁금해도 큰 소리로 물어볼 수 없는 질문은, 은밀히 이야기할 수 있는 환경에서는 묻기가 훨씬 쉽다. 한 가지 기억에 남는 것은, 나를 제외하고 모두 결혼하여 이미 아이를 둔 네 명의 부장들이 한결 같이 입을 모아서 했던 말이다.

"내게는 책임질 아이들이 있어서 말이지."

"자네처럼 결단을 내리기가 어디 쉬운가."

그때 나는 비로소 사람은 지켜야 할 것이 많을수록 소심해지는 존재라는 사실을 깨달았다. 물론 소심한 것이 모두 나쁘다고는 생각하지 않는다. 오히려 너무 무모한 것이 문제다. 다만, 동료 부장들의 이야기를 들으면서 나는 이런 생각이 들었다.

'독립해서 아내와 아이들에게 지금보다 더 많은 돈을 벌어다 준다면 아무런 문제가 되지 않을거야.'

그만한 자신감과 꿈이 없다면 애초에 결단을 내릴 일이 아니었던 것이다.

만약 당신이 소심해질 수밖에 없는 원인이 있다면, 당신에게는 아직 '자신이 지켜야 할 대상'에게 약속을 내걸 만한 '자신감'과 '신념'이 준비되지 않았을 뿐이다.

# '사욕', 갖고 싶은 만큼 내려놓아라

'좋아하는 일, 원하는 일을 새로 시작하고 싶다. 하지만 예전 직업보다 급여도 휴가도, 그리고 생활수준도 낮아지고 싶지 않으며 해마다 가던 해외여행도 포기할 수 없다.'

이렇게 욕심 많은 사람이 세상에는 너무 많이 존재한다.

하지만 잘 생각해보라. 처음부터 그렇게 모든 것이 잘 된다는 확신이 있다면 1퍼센트가 아니라 99퍼센트 사람들이 '하고 싶은 일'에 척척 도전할 것이다. 다시 말해, 한 사람이 처음에 손에 넣을 수 있는 것은 아마 이중 한 가지나 두 가지 정도일 것이다.

이 말은 무언가 얻기를 바란다면 지금 가지고 있는 무언가를 반드시 내놓아야 한다는 뜻이다.

실제로 창업하는 사람들을 살펴보면, 직장의 조직체계에서 자유로워지는 대신에 엄청난 책임감에 시달리고, 고객이 의뢰한 작업이 기한까지 끝나지 않으면 퇴근은 물론이고 몇 달씩 제대로 쉬지도 못한다.

반면 정말로 좋아하는 일에 몰두한다는 만족감을 얻을 수 있고 타인에게 직접적인 도움을 주고 있다는 사실을 실감하게 될 것이다.

따라서 지금 당신이 가장 '얻고 싶은 것'이 무엇인지를 명확히 알고 생각해 둘 필요가 있다. 무언가를 손에 넣기 위해서 손에서 놓을 것은 무엇인지, 그렇게 마음을 비워도 후회하지 않을지는 당신이 가장 원하는 일이 무엇이냐에 따라 저절로 결정된다.

# '잡음', 반드시 나타나는 고마워해야 할 시금석

인생에서 정말로 중대한 결정을 해야 하는 순간, 가장 친밀한 관계를 맺고 있는 가족이나 그만큼 가까운 사람들 중에는 당신이 하고 싶어하는 일에 반대하는 사람이 분명 나타날 것이다. 그 대상은 부모나 배우자, 또는 자식이나 애인일 수도 있다. 이 중에서 누가 먼저 반대하고 나설지는 사람마다 다르겠지만, 당신을 소중히 여기는 사람일수록 새로운 도전을 포기하라고 진심어린 충고를 할 것이다.

정말 미안한 말이지만, 나는 이러한 주변의 반대 의견을 '잡음', 즉 노이즈라고 부른다. 당신과 가까운 사람들은 도대체 왜 당신이 하려는 일에 반대하는 것일까?

답은 자명하다. 당신이 그들에게 소중한 사람인 만큼 당신의 실패를 원치 않는 마음이 강하게 작용하기 때문이다. 따라서 배우자나 가족들은 새로 시작할 그 일이 가져올 리스크를 가장 먼저 떠올리는 것이다.

그들은 회사를 그만두거나 좋아하는 일에 큰 돈을 투자하는 경우, '만약 계획대로 되지 않으면 얼마나 피해를 입을까?'라는 생각부터 한다. 즉, '실패할 경우 곁에 있는 우리는 어떻게 되는 건가?'하고 미리 걱정부터 하기 때문에 반대하는 것이다.

이 상황을 일종의 시합에 비유하면, 시작하기 전에 미리 질 경우를 염려하는 것과 같다. 애초에 시합을 시작하지 않는다면 지는 일 또한 없을 것이다.

하지만 잡음은 생각하기에 따라서는 좋은 기능을 한다. 이 잡음으로 당신의 의지를 시험할 수 있기 때문이다.

잡음은 뭔가 새로운 일을 시작할 때면 반드시 발생하는 '극복해야 할 장애물'이라고 생각하면 좋다.

당신의 각오와 승산, 그리고 도전해서 손에 넣게 될 미래의 모습을 반대하는 사람에게 알려주라. 당신과 가까운 사람조차도 설득할 만한 힘과 결의를 갖추지 못했다면 차라리 반대 의견에 따라 미리 포기하는 게 나을지도 모른다.

  하지만 일류 운동선수가 경기를 치를 때, 시작 전부터 질 것을 생각하는 경우는 없다. 시합도 장사도, 그리고 자신이 하고 있는 일도 마찬가지다. 처음부터 패배할 거라고 생각하고 임한다면 이미 그 시점에서 진 것이나 다름없다.

  따라서 어떤 일에 도전하려고 마음먹었다면 잡음을 이겨내겠다는 굳은 결심을 해야 한다. 잡음은 어찌보면 가려는 방향을 방해하는 요소로 여겨질 수도 있지만, 잡음에도 사그라지지 않는 강한 의지와 간절한 마음의 소리가 새로운 미래를 개척하는 원동력이 될 것이다.

## 변화를 가로막는 '7가지 장애물'을 극복하는 법

**공포**

강렬한 희망으로 성공한 미래를 상상하고 실제 행동으로 옮겨라.

**불안**

불안 요소를 하나씩 정리하고 마지막에 결단을 내려라.

**망설임**

한순간도 망설이지 말고 저돌적이고 힘차게 나아가라.

**습관**

다른 사람의 의견과 시선에 신경 쓰지 말고 자신이 어떻게 되고 싶은지를 생각하라.

**소심함**

'지켜야 할 것'에 대해서 약속을 할 수 있는 '자신감'과 '신념'을 지녀라

**사욕**

손에 넣고 싶은 것, 손에서 놓지 말아야 할 것이 무엇인지를 구분하라.

**잡음**

강한 의지와 간절한 마음의 소리로 잡음을 떨쳐내고 결단을 내려 도전하라.

"

당신의 인생이다.
다른 사람이 어떻게 생각할지에 얽매이기보다는
자신이 어떻게 되고 싶은지를 고민하는 것이
훨씬 중요하지 않을까.

제4장

# '하고 싶은 일'을 찾았다면 '변화하는 사람'이 되라

”
무언가 새로운 일을 시작할 때의 첫 걸음은 사람이 걷는 것과 같아
균형을 깨뜨리지 않으면 시작조차 할 수 없다.

# 변화를 추구하는 사람의 첫걸음

 변화하는 사람이란 '항상 새로운 변화를 추구하는 사람'을 일컫는다. 15년 전 내가 몸담았던 회사에는 영업과장이 되기 위한 승진 시험 중 하나로 소논문 테스트가 있었다. 그때 소논문의 주제가 '성장'이었던 것으로 기억한다.
 내가 이 소논문에 붙인 제목은 '변화하는 사람이 되고 싶다'였고 '변화하지 않는 사람은 퇴화하는 것이나 다름없다'고 썼다. 항상 새로운 변화를 추구하고 싶은 욕망은 그때나 지금이나 크게 다르지 않다.
 나는 지금까지, 실제로 인생에 부여받은 시간은 한정되어 있고 자신이 하고 싶은 일을 찾는 데는 몇 가지 방법이 있다고 설명했다. 그리고 자신이 원하는 일을 하고자 할 때 반드시 생기는 큰 방해 요소들을 물리칠 수 있는 대처법도 소개했다.

하지만 이러한 내용을 단지 읽고 이해만 한다거나, 자신이 원하는 일을 머릿속에서 생각하는 데서 그친다면 당신의 미래는 어느 한 가지도 달라지지 않는다.

'미래에 더 발전하고 싶다, 하고 싶은 일을 하며 살고 싶다. 단 한 번뿐인 인생을 후회하고 싶지 않다'는 생각을 하는 것도 중요하지만, 생각만 하고 있어서는 무엇 하나 바뀌지 않는다. 자신이 이제껏 해 왔던 행동을 바꾸지 않고서 변화란 절대 찾아오지 않는다.

다시 말해 '꾸준히 변화하는 사람'이 되는 길밖에 없다.

당신이 '하고 싶은 일'을 실현하려면 구체적으로 어떻게 해야 하는지를 고민하고 그것을 기준으로 지금까지와 다르게 행동해야 한다. 전문 분야의 책을 읽는다거나 퇴근 후에 관심 있는 세미나에 참가하는 일, 또는 필요한 기술을 습득하기 위해 학원에 다니거나 매일 인터넷으로 하고 싶은 일에 대해 상세히 조사하는 일도 좋다. 지금 당장 시작할 수 있는 작은 일이라도 상관없다.

자신이 원하는 일을 찾았다면 그것을 실현할 수 있도록 조금씩 움직이기 시작하라. 그렇게 변화하는 사람이 되어 갈 때 비로소 당신의 미래는 달라지기 시작할 것이다.

# 변화하는 사람에게
# 필요한 몰입의 시간

　당신이 살아가는 동안 하고 싶은 일을 '실천'하는 것은 당신의 인생에서 매우 중요하다. '실천'이야말로 지금 열중하고 있는 일이나 일상생활에서 일어나는 문제보다도 우선해야 할 중요한 일이다. 이는 마지못해 하는 일도 아니요, 누가 시켜서 하는 일도 아니다. 스스로 결정하고 자신이 몰두해야 할 일이다.

　사람은 누구나 정말 원하던 일에 열중할 때 시간에서 완전히 해방되어 몰입하게 된다. 하기 싫은 일을 억지로 하고 있을 때는 '아직도 2시간이나 남았어'라고 느껴지는 반면, 하고 싶은 일을 할 때는 '어라? 벌써 2시간이 지나버린 거야?' 할 정도로 시간 감각이 다르다.

  이렇게 정신없이 몰두하다 보면 항상 시간이 부족하게 느껴진다. 그래서 '나를 잊고' 자발적으로 움직이기 시작하면 누가 시켜서 수동적으로 움직인다는 개념은 말끔히 모습을 감춰버린다.

  변화하는 사람에게는 이렇게 한 시도 허투루 보내지 않는 적극적인 시기가 반드시 필요하다.

# '지금'이라는 타이밍을 소중히 여겨라

"돈을 모아서 해외 유학의 꿈을 이룰 거예요."
식당에서 일하고 있는 27세 여성의 말이다.
"언제쯤이면 유학에 필요한 돈을 모을 수 있을 것 같습니까?"
"매월 들어가는 생활비도 만만치 않아서 돈을 모으기는 꽤 힘들어요. 아마 갈 수 있다고 해도 3년 후쯤 되려나요?"

그녀에게서 이런 대답을 듣고선 마음이 좋지 않았다. 3년 후에 서른 살이 되어 떠나는 유학과 가고 싶은 마음이 생긴 지금, 스물일곱 살에 가는 유학은 꿈을 이루기 위해 몰입하는 에너지의 양이 완전히 달라지기 때문이다.

설령 그녀가 50세가 되었을 때 부자가 되어 풍족한 생활을 한다고 해도 '가장 유학하고 싶었던 시기'로는 결코 돌아갈 수 없다.

그녀뿐만이 아니다. 정말 많은 사람들이 하고 싶은 일을 마음에 담아둔 채 몇 년이라는 세월을 흘려보내고는 결국은 시작도 못하고 인생의 마지막 날을 맞게 된다.

당신이 꼭 하고 싶은 일이 분명하고, 게다가 지금 하고 싶다면, 설령 돈을 빌리는 한이 있더라도 '지금'이라는 타이밍을 가장 중요하게 여기길 바란다. 요즘은 유학을 하면서 현지 아르바이트를 하고, 공부하면서 틈틈이 번 돈으로 빚을 갚으며 꿈을 이루는 사람도 많지 않은가. 방법이 없는 것이 아니라, 방법을 찾는 것을 회피하고 있는 셈이다. 어떤 이는 빚을 지면서까지 유학을 할 수는 없다고 불평을 할지 모르지만 단 한 번뿐인 인생에서 '그 타이밍'을 잃는 일은 무엇보다 두려운 일이다. 아무리 돈을 많이 모은들 지나버린 세월을 되살 수는 없는 노릇이기 때문이다. 반면 젊을 때 돈을 빌려 가장 좋은 타이밍을 살 수는 있다.

'지금'이라는 시기야말로 늘 최고의 타이밍이라는 사실을 잊지 말자. '내일부터' '다음 주부터' '다음 달부터'라는 말 대신 '하고 싶다'고 생각한 순간부터 당장 움직여야 한다.

타이밍을 중요하게 여긴다는 것은 시간을 헛되이 낭비하지 않는다는 뜻과 같다.

## '타이밍'은 되돌릴수 없다?!

27세 여성의 경우

```
돈이 없지만
유학가고 싶어!
```

- 돈을 빌려서라도 지금 당장 유학갈래요!
  - 하고 싶을 때 가장 좋은 타이밍에 실천하는 것이 중요하다
  - 시간을 우선시하고, 에너지가 가장 클 때 꿈에 몰입할 수 있다!

- 아르바이트로 돈을 모아 3년 후에는 유학가고 싶어요!
  - 시간과 타이밍을 잃는다
  - 결국 상황이 바뀌어 유학을 가지 못하고 인생의 마지막 날에 후회한다

# 한 발 내딛는 일부터 시작하라

어떤 일이든 처음은 늘 작은 한 걸음부터 시작된다. 당신이 하고 싶은 일이 무엇이든지 누구나 처음에는 미미하게 출발했다는 사실을 잊지 않았으면 좋겠다.

매출 2조 엔을 넘어서고 전국에 1만 3천 개가 넘는 점포를 운영하는 최대 편의점 기업인 '세븐일레븐'도 처음에는 고토 구江東区 도요스豊州에 있는 작은 점포 하나로 시작했다. 또 최근 해외시장을 섭렵해가고 있는 캐주얼 의류업체 유니클로도 초창기에는 야마구치 현山口県 우베 시宇部市에서 작은 가게에서 시작했다.

지금 제아무리 규모가 큰 회사라 해도 시작했던 시기에는 모두 별볼일이 없었던 셈이다. 어떤 회사든지 처음에는 한 개의 작은 점포에서 출발하게 마련이다.

따라서 당신이 하고 싶은 일도 우선은 한 발을 내딛는 일부터 시작해야 한다. 거창하게 생각해 두려워할 필요가 없다는 뜻이다.

한 발 내딛는 일을 어렵게 생각할 필요는 없다. 지금 당장 당신이 할 수 있는 일부터 시작하라. 서점에 가서 당신이 흥미를 느끼는 일이나 장래에 해보고 싶은 일, 또는 좋아하는 일에 관한 책을 찾아보거나, 인터넷으로 당신이 하고 싶은 일에 관련한 회사의 사업 전개 방식을 살펴보는 것도 좋다. 일단 할 수 있는 작은 일부터 시작해보자.

이러한 소소한 행동 하나하나가 여기서 말하는 '한 발 내딛는 일'이다. 언제나 느끼는 거지만, 별 생각 없이 사소한 일을 행동으로 옮긴 결과, 이후에 어마어마한 규모로 발전했다는 실제 사례를 듣는 경우가 많다. 실제로도 타인과의 만남, 비즈니스의 힌트, 또는 예기치 못한 우연 같은 일들이 실로 다양하게 일어난다.

처음 한 발자국을 꼭 크게 내딛을 필요는 없다. 지금 당신이 할 수 있다고 생각하는 범위 안에서라면 충분하다.

우선 작게 한 발자국을 내딛어라. 반드시 지금까지와 다른 무언가가 확실히 일어나기 시작할 것이다.

# 도전에는 1분의 낭비도 없다

'실패로 보이는' 경험을 한 수많은 사람들에게 물어보면 비슷한 대답이 돌아온다. 그들은 하나 같이 지금껏 살면서 자신이 도전한 일에 단 1분도 헛되이 쓰지 않았다고 단언한다. 분명 다른 사람이 보기에는 실패한 일인데도 말이다.

맞는 말이다. 그들은 말 그대로 단 1분도 헛되이 쓰지 않았을 것이다. 다만 중간에 그 길을 포기했을 뿐.

성공과 실패의 차이에는 단 하나의 조건만이 존재한다. 바로 '포기하지 않는 것'이다. 도중에 포기하기 때문에 실패라는 결론이 내려지는 것일 뿐, 포기하지 않는 한 실패가 소중한 경험과 교

훈으로 탈바꿈하기 때문이다.

　나는 지금까지 많은 사람들이 실패라고 말하는 일들을 경험했다.

　도쿄의 한 거리에 차린 고급 에스테틱 살롱Esthetique salon은 개업한 지 겨우 2년 반 만에 문을 닫았으며, 창업 2년째에는 전과 6범의 사기단에 속아 거액의 돈을 사기당하기도 했다. 지금 회사도 도산할 위기에 처해 4억 엔이나 부채를 떠안은 일도 있었다. 물론 이 외에도 실패의 경험은 숱하게 많아서 지금 열거한 사건은 새발의 피에 불과하다.

　나도 인간인지라 이런 일들을 겪을 때마다 엄청난 충격을 받았으며 기가 꺾였다. 하지만 설령 그런 일을 겪었다 해도 내 앞에 '해야 할 일'이나 '지향하는 미래'가 놓여 있다면 '아직' 실패라고 단정 지을 수는 없다는 것이 내 생각이다.

　끝까지 포기만 하지 않는다면 힘든 난관들은 결국 '성공하기 위해 필요한 과정'일 뿐이다. 그러한 과정들은 어디까지나 목표에 도달할 때까지 통과하는 의례에 불과하기 때문이다.

　원하는 일을 목표로 삼아 성공에 이르기까지는 실로 상상할 수 없을 정도로 다양한 장애물들이 닥쳐온다. 그 장애물들을 극복하지 못하고 포기할 때, 그때 비로소 실패하는 것이다.

　하지만 아무리 어려운 일들이 가로막아도 포기만 하지 않으면 목표점에 도달했을 때 "그건 성공하는 데 필요한 과정이었어." 하고 당당하게 말할 수 있다. 따라서 자신이 스스로 포기하지 않는 한 아무리 여러 번 깨지고 도전했다고 해서 그 경험을 실패라고 말할 수는 없다.

경영의 신으로 불리는 고故 마쓰시타 고노스케도 이렇게 말했다.
"실패했을 때 그만두기 때문에 실패하는 것이다. 성공할 때까지 계속하면 성공한다."
덧붙이자면 마쓰시타 고노스케는 죽을 때까지 단 한 번도 실패한 적이 없다고 한다. 죽을 때까지 한 번도 포기를 하지 않았기 때문이다.

이처럼 성공할 때까지 포기하지 않는다면 당신이 앞으로 도전하는 일은 모두 헛되지 않을 것이다. 반대로 말하면, 도전하지 않는 것이야말로 가장 큰 손실인 셈이다.
어떤가? 이래도 여전히 도전하지 않는 쪽 인생을 선택하겠는가?

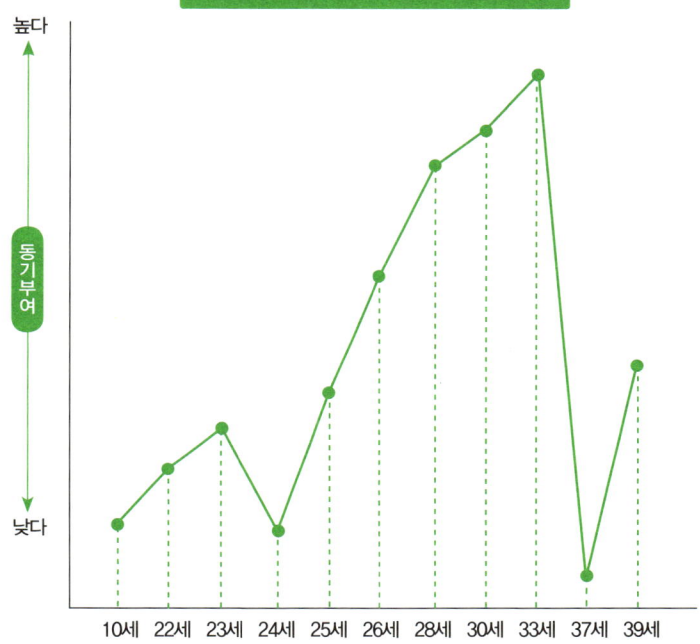

|  |  |
|---|---|
| 10세 | 사슴벌레로 처음 장사를 시작하다 |
| 22세 | 방문판매 영업회사에 입사. 연수 기간에 '영업에 적합하지 않다'는 말을 듣다 |
| 23세 | 신인상을 수상. 그때까지 본 적이 없는 근사한 세계를 포상으로 맛보다 |
| 24세 | 심한 대우를 받는 주임을 보고 회의가 들어 퇴직을 결심하고 사표 제출. 매출 실적이 전국 최고에서 밑바닥으로 급속히 떨어짐 |
| 25세 | 마음의 대화를 통해 재기해 주임으로 승진. 마음의 소리를 듣고 회사에 남아 업무에 최선을 다하다 |
| 26세 | 연수입 1000만 엔 돌파! 과장으로 승진, 팀 운영에서도 전국 1위 달성 |
| 28세 | 본사 영업부장으로 승진. 사상 최연소 영업부장이 되어 동경 본사로 발령받다 |
| 30세 | 독립, 창업. 주식회사 스카이오피스 설립 |
| 33세 | 연매출 3억 엔, 연수입 2천만 엔 돌파! NPO법인 JEWPA 설립 |
| 37세 | 리먼 쇼크로 인해 도산 위기에 처함. 부채 4억 엔이 생김 |
| 39세 | '0엔 점포 개업사'로 재기 |

# 인생의 균형부터 깨뜨려라

　지금까지와는 다른 인생, 새로운 일을 도모하고자 할 때 반드시 거치는 과정이 하나 있다. 바로 균형을 깨뜨리는 일이다.
　균형을 깨뜨린다는 것은 지금까지와 다른 일상을 살게 되고 지금까지 일하던 방식과 생활의 리듬까지도 바꾼다는 뜻이다. 이때 분명히 평소와 다른 감정과 부딪히게 된다. 낯설고 불안하고 복잡한 그런 감정 말이다. 쉬운 사례를 하나 들어보자.

　당신이 학생이었을 때 입학식 날의 기분을 기억해 보라. 막 사회에 나온 입사 첫날의 느낌을 떠올려도 좋다. 약간 들뜨기도 하고 왠지 불안정한 느낌이었는가, 아니면 눈앞에 펼쳐질 미지의 세계를 향해 선 느낌이었는가?

얼핏 생각하면 왠지 불안하고 미덥지 않은 느낌이 떠올를지 모르겠다. 하지만 사실은 무언가 새로운 일을 진지하게 시작하려고 할 때 이런 기분을 느끼는 것은 지극히 당연하다.

가령, 당신이 평소에 걷는 모습을 생각해보자. 앞으로 걷기 시작할 때 두 발로 서 있는 안정된 자세에서 처음 한 발을 내딛는다. 그때 당신이 어느 쪽 발을 내딛는지와 상관없이 앞으로 나아가려면 우선 균형을 깨뜨려야 한다. 발을 떼 균형을 깨지 않고서는 한 발짝도 앞으로 내딛을 수 없다.

무언가 새로운 일을 시작할 때의 첫 걸음은 사람이 걷는 것과 같아 균형을 깨뜨리지 않으면 시작조차 할 수 없다. 사람은 누구나 생활 습관을 바꾼다거나 새로운 일을 시작할 경우 이러한 위화감을 적잖이 느끼게 된다. 그러므로 지금 잠깐 균형이 깨지고 불안한 마음이 든다고 해도 너무 크게 걱정할 필요는 없다.

오히려 불안감이나 위화감이 느껴진다면 당신은 새로운 인생의 첫 걸음을 제대로 내딛은 것이다.

## 좋아하는 데서 그치지 말고 사랑하라

'좋아하는 일을 직업으로 삼을 수 있다면 얼마나 행복할까?'

사람이라면 누구나 한번쯤 이런 상상을 할 것이다.
하지만 인생을 특별하게 살고 싶다면, 안타깝게도 좋아하는Like 것만으로는 부족하다. 좋아한다는 것은 즐긴다는 뜻이다. 음식을 좋아하고, 연예인을 좋아하고, 음악을 좋아하고, 국어보다 수학을 좋아하는 것처럼 결국은 '기호'의 단계가 된다.
하지만 진짜 알찬 인생을 손에 넣으려면 어떻게 해서든지 자신이 하고 있는 일에 대한 동기 부여나 업무를 대하는 애정을 좋아하는Like 단계에서 사랑하는Love 단계까지 끌어올려야 한다.

자신의 일을 사랑한다는 것은 어떤 의미일까? 그것은 아무리 힘겨운 상황에 부딪쳐도 그 일을 좋아하는 상태, 포기할 수 없는 상황, 목숨을 걸고 몰입할 정도를 말한다. 이런 정도가 아니라면 결코 사랑한다고 말할 수 없다.

부모가 자식을 위해서라면 기꺼이 목숨을 걸 수 있는 것처럼 자신이 몰입하는 일에도 목숨을 걸 수 있을 정도라야 진정 일을 사랑한다고 말할 수 있는 것이다.

애플 사의 창업자인 스티브 잡스는 이렇게 말했다.

"나는 내가 창업한 회사에서 해고되었고 몇 개월간 아무 일도 손에 잡히지 않아 실리콘 밸리에서도 은퇴하려고 생각했답니다. 하지만 아무 일도 하지 않은 채 고민하고 괴로워하는 동안 그래도 역시 내가 이 일을 좋아하고 그 무엇보다 사랑한다는 사실을 깨달았지요. 그래서 처음부터 다시 해보기로 마음먹었습니다."

그 후 스티브 잡스는 넥스트 사를 새로 창립하고 토이스토리 등의 디즈니 애니메이션을 제작하는 픽사 애니메이션 스튜디오 사를 인수했으며, 마침내는 해고된 애플 사로 멋지게 복귀했다.

잡스는 그 후 이렇게 말했다.

"성공했다면 누가 뭐래도 일을 사랑하는 것이다."

마침내 일을 '좋아하는' 단계에서 '사랑하는' 단계로 마음을 변화시킬 수 있다면 그것만으로 이미 인생의 80퍼센트는 성공한 것이나 다름없다.

당신은 지금 몰두하고 있는 일을 사랑하는가?

이 질문에 대한 답이 분명히 '아니오!'라면 사랑할 수 있는 일이 따로 있다는 뜻이다. 그렇다면 당신은 지금 당장이라도 변화하는 사람, 즉 괴짜가 될 필요가 있음을 자각해야 한다.

**99**
"실패했을 때 그만두기 때문에 실패하는 것이다.
성공할 때까지 계속하면 성공한다."

제5장

# 인생을 '지금 이대로' 끝마치고 싶지 않은 당신에게

"
인생에는 때때로 과감하게 행동을 취해야 하는 순간이 반드시 온다.
그게 언제일지는 사람마다 다르겠지만 인생을 크게 바꾸고 싶다면
무대를 바꾸는 것도 하나의 방법이다.

# 가장 먼저 싱크로율을 높여라

　이 책에서 나는 단순히 월급쟁이를 그만두라거나 독립해서 창업을 하라고 권하려는 것이 아니다. 내가 진짜 바라는 것은, 당신이 인생에서 정말로 하고 싶었던 일을 찾아내 시간이 어떻게 지나가는지 잊을 정도로 알찬 나날을 보내고, 언젠가 다가올 마지막 날에 "정말 잘 살아온 인생이었어"라고 말할 수 있게 되는 것이다.

　산 정상으로 올라가는 길이 하나가 아닌 것처럼, 당신이 바라는 목표를 향해 나아가는 길도 결코 하나가 아니다. 지금 하고 있는 일의 연장선상에서 당신의 이상적인 미래가 기다리고 있다면 지금 눈앞에 놓인 일에서 '하고 싶은 일'을 실현시키는 방법을 먼저 생각해야 한다. 다시 말해 굳이 창업이나 개업을 목표로 삼을 필요는 없다는 뜻이다.

아무리 박봉을 받고 회사 업무가 많다 해도 눈앞에 놓인 일과 자신이 하고 싶은 일이 관련되어 있다면 아무 문제가 없다. 앞서 소개한 이치로 선수도 시애틀 매리너스라는 팀에 소속되어 있다는 점에서는 회사원이나 마찬가지다. 그렇다면, 어떻게 해야 지금의 회사에 근무하면서도 자신의 인생을 만족스럽게 살 수 있을까?

가장 좋은 방법은 싱크로율을 높이는 것이다. 싱크로율을 높인다는 것은 대체 무슨 뜻일까? 쉽게 말해, 하고 있는 일과 하고 싶은 일의 공통점을 찾아 그 두 가지를 최대한 접근시키고 겹치는 부분을 포개어 늘려 가는 것이다.

방법은 많다.

지금 하고 있는 일을 자신의 일로 받아들이는 것도 효과적인 방법이다. 영업직이나 사무직으로 일하는 회사원이라면 얼마지 않아 자신이 그 회사의 경영자가 되기로 정해져 있다고 생각해보라. 그렇게 생각하는 것만으로도 쉽게 싱크로율을 높일 수 있다. 스스로 경영자의 입장이 되어 보면 그저 부여받은 일만 하는 입장에서 일을 주체적으로 고민하고 행동하는 입장으로 의식이 자연스럽게 바뀌기 때문이다. 그러면 관성적으로 일을 하던 습관에서 크게 벗어나 지금까지 일을 대하던 관점이나 대응 자세가 엄청나게 달라질 것이다.

조직에서 결국 사장 자리에 오르는 사람은 뭔가 다른 사람과 다른 점이 있다. 그들은 사장이 아닐 때부터 자신은 미래에 사장이 될 거라고 믿고 사장의 관점에서 일을 처리한다. 누가 시켜서 하는 일이라고 생각하지 않고, 자신이 사장이라면 이렇게 판단하고 행동하겠다는 마음가짐으로 평사원 때부터 자발적으로 일하는 것이다.

그렇게 남들과 다른 각오로 일한다는 사실은 상사에게도 자연스럽게 전해질 것이고, 사내에서 더욱 주목받는 결과를 낳게 된다. 장래에 정말 사장이 되는 사람은 이런 사람 중에 나오게 마련이다.

미용사나 음식점, 꽃가게나 빵집 같은 가게에서 일하는 사람이라면, 지금 일하고 있는 가게가 몇 개월 후에는 자신의 소유가 된다고 가정해보면 어떨까. 아침 출근길의 마음가짐은 물론 업무에 임하는 자세 또한 달라질 것이다. 지금까지 무관심하던 자질구레한 업무까지 모두 메모하고 싶어질 만큼 관심 정도가 달라질 것이다.

동물을 좋아해서 수족관이나 동물원에서 일하는 사람이라면 앞으로 해야 하는 일은 무엇인지, 꿈과 일의 관계를 깊이 생각해보

라. 단순히 동물을 좋아하기 때문에 일한다는 수준에서 벗어나 일을 통해 다음과 같은 일들을 진지하게 고민하기 시작해야 한다.
'당신이 동물들에게 해 줄 수 있는 일'
'미래에 동물들의 행복을 위해 지금 당신이 해 놓을 수 있는 일'
그러면 단지 좋아하는 일을 한다는 데 머무르지 않고 한층 더 높은 단계의 '해야만 하는 일'을 찾게 될 것이다. 자신이 무척이나 좋아하는 동물들의 미래를 위해서 할 수 있는 일, 그 성과를 생각하면서 날마다 일을 한다면 매우 큰 보람을 느낄 것이다.

지금 당신이 어떤 직업에 종사하고 있는지는 크게 중요하지 않다. 다만 매일 반복하는 일 속에서 당신이 정말로 하고 싶은 일과 겹치는 부분을 발견하는 것이 중요하다. 이는 꿈과 현실의 공통점을 찾는 작업이라고 봐도 무방하다.
여러 측면에서 생각해도 그다지 공통되는 부분이 없는 경우에는 앞서 말한 '경영자의 관점에서 일을 대하는' 방법을 권하고 싶다. 개인 한 사람의 관점에서 벗어나 조금 넓은 시야에서 사물을 파악해보면 의외로 답을 찾기가 쉬워진다.

# 일터로 가기 전에
## 스스로 질문을 던져라

평범해 보이지만 특별한 제안을 하나 할까 한다.

앞으로 매일 아침 회사에 가기 전에 거울 앞에 서서 자신에게 딱 하나만 질문을 던져 보자.

"만약 오늘이 마지막 날이라고 해도, 오늘 하려는 일을 계속 하고 싶은가?"

만일 질문에 대한 대답이 "네."라면 당신은 전혀 걱정할 필요가 없다. 하지만 대답이 "아니오."라면, 오늘 하려던 일을 그대로 계속해야 할지 진지하게 고민할 필요가 있다.

당신의 인생에서 하고 싶지 않은 일에 허비하는 시간은 과연

얼마만큼 가치가 있을까? 한정된 시간 속에서 살아가는 인생인데 오늘 하려는 일이 정말 당신이 원하는 일이기를 바란다.

물론 그저 싫어하는 일에서 서둘러 도망치라는 뜻은 절대 아니다. 정말 하고 싶은 일이라면 역경 앞에서도 당당히 맞서야 한다는 뜻이다. 하지만 오늘, 지금부터 일터로 가서 하려는 일이 아무리 생각해도 당신이 원하는 일이 아니라면 그때는 앞으로의 인생에 관해서 다시금 차분하게 생각해야 한다.

오늘부터 당장 일터로 가기 전에 거울 앞에 서서 자신을 향해 진지하게 물어보라. 하고 싶지 않은 일에 허비하는 시간이야말로 당신 인생을 크게 낭비하는 일이다.

# 과감하게 무대를 바꿀 용기를 내라

당신이 이대로 인생을 끝마치고 싶지 않다면, 당연히 지금 상태로는 안 된다. 그저 별 생각 없이 지금과 똑같은 나날을 흘려보내는 한, 당신의 인생은 앞으로도 계속 지금 이대로일 것이기 때문이다.

인생에는 때때로 과감하게 행동을 취해야 하는 순간이 반드시 온다. 그게 언제일지는 사람마다 다르겠지만 인생을 크게 바꾸고 싶다면 무대를 바꾸는 것도 하나의 방법이다.

무대를 바꾼다는 것은 지금 있는 장소나 하고 있는 일에 큰 변화를 주는 일이다. 다니던 회사나 직종을 바꾸거나 외국으로 거처를 옮기는 일, 또는 회사나 가게를 새로 차리는 일도 포함된다.

무대를 바꾸기란 결코 쉽지 않으며 무척 큰 용기가 필요하다. 당연히 그만큼의 리스크도 따른다. 하지만 바꿀 용기를 내지 않으면 당신의 인생은 아무 것도 달라지지 않는다는 사실은 틀림없다. 이대로의 모습으로 인생을 끝내고 싶지 않다면 용기를 내서 바꿔보는 것 외에 다른 방법이란 없다. 당신 인생의 무대를 바꿀 수 있는 사람은 당신 외에 아무도 없기 때문이다.

나는 무대를 바꾸려고 하는 사람들을 도와주는 일을 날마다 하고 있는데, 무대를 바꿀 때에는 인생을 다시 시작한다는 기쁨과 해방감에 비례해 앞으로 펼쳐질 새로운 인생에 대한 불안이나 공포심도 동시에 안고 시작하게 된다.

나는 그들을 볼 때마다 '이 사람들은 자신의 인생을 착실히 걸어가고 있구나. 무척 행복해 보인다'는 생각이 들어 무척 뿌듯하다. 결국은 99퍼센트의 사람들과 다른 방향으로 걸어가는 용기 있는 사람만이 그 용기에 걸맞은 행복을 축적해간다는 사실을 절실히 느끼기 때문이다.

'괴롭다'는 뜻의 한자 '苦'에는 '쓰다'는 뜻도 들어 있다. 쓴 맛을 보았기에 달콤한 순간이 오면 단맛을 더 강하게 느낀다. 단것만 계속 먹다보면 달콤한 맛에 둔감해지기 때문이다. 인생의 가장 평범한 진리는 이렇게 작은 것에서 시작된다.

## 의도적으로 생활 환경을 넓혀라

"사실 돈은 크게 필요 없어."

이렇게 말하는 사람을 가끔 만난다. 또는 "저는 특별히 하고 싶은 일이 없어요."라고 말하는 사람도 종종 만난다.

나는 이렇게 말하는 이들에게서 한 가지 공통점을 발견한다. 그들은 비교적 중간층에 있는 사람들이라는 사실이다. 이상하게 중간층에 있는 사람일수록 현실을 제대로 깨닫지 못하는 경향이 있다. 바로, 자신이 무엇을 원하고 있는지를 알지 못하는 것이다.

제2차 세계대전 후 일본에서 태어나 반세기가 지난 지금을 살고 있는 사람들, 즉 현재 40대들은 그나마 그전 세대에 비해 무척

혜택을 받았다고 할 수 있다. 집에는 텔레비전, 냉장고, 세탁기가 있었고, 직업을 가진 사람이라면 특별히 생활하는 데 크게 곤란한 일은 없는 풍족한 환경에서 살아 왔다.

이런 환경은 사실 많은 '중간층에 있는 사람'을 만들어낸 원인이 되었다. 이들은 생활이 특별히 곤궁하지도 않고, 그렇다고 품격 높은 생활을 하지도 않았다. 이것이 중간층에 있는 사람들의 전형적인 환경이다.

내가 말하고 싶은 요점은 바로, "사실 돈은 크게 필요 없다"라고 말하는 사람은 사실은 웬만큼 가진 돈이 있는 사람이라는 점이다. 큰 결핍을 느끼지 못하기 때문에 필요하다고 느끼지 못하는 게 아닐까.

하지만 당장 내일 어떻게 살아야 할지 막막하고, 당장 몇 푼의 돈도 없어 전전긍긍하는 사람이라면 어떨까? 예컨대 사랑하는 딸이 큰 병을 얻어 목숨이 위태롭고 당장 손안에 쥔 돈이 없는 사람이라면 과연 돈은 크게 필요 없다고 말할 수 있을까? 분명 무슨 짓을 해서라도 돈을 마련해야 한다는 절박함에 피가 마를 것이다.

인간은 기본적으로 이미 손에 넣은 물건이나 환경에는 크게 집착하지 않는 특징을 가진 존재다. 그러고 보면 기본 물자가 부족하고 가난을 겪으며 자란 사람들은 그렇지 않은 사람들보다 돈이나 물건에 집착과 욕망이 상대적으로 높게 마련이다. 다시 말해, 배가 부를 때는 맛있는 음식도 거부하지만 배가 고파지면 작은 빵 한 조각도 간절해지는 이치와 같다.

따라서 지금 중간층의 삶을 살고 있는 사람들은 현재의 사회 환경 자체를 바꿀 필요를 별로 느끼지 못하고 바꾸기도 쉽지 않다. 이런 사람들은 스스로 환경의 진폭을 바꾸도록 시도해보는 수밖에 없다.

극단적으로 말하면, 돈이 별로 필요 없다고 말하는 사람이 변화를 원한다면 돈이 전혀 없는 맨 밑바닥 생활을 체험해 보기를 권한다는 뜻이다.

내 친구 중에서 실제로 이런 경험을 자처한 친구가 있다. 평소에 제법 사는 친구였는데, 노숙자들의 터전으로 유명한 곳을 일부러 찾아가 그들과 함께 텐트에서 자고 밥을 얻어먹기도 했다고 한다. 그 일을 계기로 그 친구는 삶의 자세와 태도가 완전히 달라졌던 기억이 난다. 물론 내 친구처럼은 아니더라도 방법은 다양하다. 가난한 나라로 가서 그곳 사람들의 삶의 현장을 들여다봄으로써 '푼돈을 벌기 위해 목숨을 내놓는' 처절한 현실을 깨달을 수도 있다. 실제로 인도의 빈곤층 사이에는 구걸하는 어린 아이들을 조직화해서 돈을 벌어오게 하는 조직도 있다고 한다. 더 불쌍하게 보이기 위해 일부러 아이들의 손발을 절단해서 구걸을 시키는 일이 사회문제로 대두될 정도다.

반대로, '특별히 하고 싶은 일이 없다'고 한 사람들은 지금까지 가본 적이 없는 고급 레스토랑에 가서 식사를 해보길 권한다. 그리고 지금까지 한 번도 가보지 않은 최고급 호텔에도 묵어보길 바란다.

하고 싶은 일이 없다고 말하는 사람들은 어쩌면 자신의 꿈이 구체적으로 어떤 모습인지 제대로 체험한 적이 없기 때문에 그런 말을 할 수도 있기 때문이다. 직접 체험하고 나면 분명 뭔가 변화가 생길 것이다.

사회에 나온 지 얼마 되지 않았을 때, 나는 사내 영업 콘테스트에서 신인상을 받은 적이 있다. 시상식에 참석하기 위해 지사가 있는 나고야에서 도쿄 본사로 갔는데, 시상식이 끝난 후 포상의 의미로 매우 근사한 식당에 데려가 주었다. 뿐만이 아니다. 그날 이후로 나는 그때까지 가본 적이 없는 근사한 레스토랑이나 일류 호텔의 라운지에 자주 초대를 받아 갔다. 그야말로 새로운 세상의 발견이었다.

"아! 세상에는 이렇게도 멋진 세계가 있구나!"

그 장소에 가보고 나서야 비로소 그 세계를 실감할 수 있었던 순간이었다. 그때 초대를 받지 못했다면 아마도 평생 알지 못한 채로 죽었을 세계라는 것도 그때 깨달았다. 즉, 내가 알지 못하는 세계는 없는 것과 다름 없다.

나는 다행히도 20대 초반에 이러한 세계가 있다는 사실을 알게 되었다. 그리고 이런 세계를 알게 됨으로써 '이렇게 멋진 곳을 부담없이 다닐 수 있었으면 좋겠다. 이런 장소에 사랑하는 사람들과 가끔씩 묵고 싶다. 이런 곳을 자연스럽게 드나드는 사람이 되고 싶다. 그런 모습을 목표로 삼아야겠구나' 하고 다짐하게 되었던 것이다.

사람은 자신이 보거나 아는 것이 아니고서는 바랄 수가 없다. 알지 못하는 것은 그 사람에게 존재하지 않는 것이나 매한가지이기 때문이다. 그래서 하고 싶은 일이 없다는 사람이나 특별히 원하는 것이 없는 사람에게는 꼭 자신의 시야를 넓히라고 조언하고 싶다. 즉, 지금까지 체험한 적이 없는 세계를 들여다보고 인생의 시야를 넓히길 바란다.

그렇게 함으로써 어쩌면 정말로 원하는 것, 바라는 세계, 미래에 이상으로 삼을 자신의 모습이 떠오를지도 모르기 때문이다.

# '목표'가 아니라 '목적'을 정하라

'목표'와 '목적'은 흔히 비슷한 의미로 쓰이고 혼돈하여 사용하기도 하지만 의미는 매우 다르다.

목표는 '3년 안에 천만 원을 모아야지'하는 식으로 수치화 또는 정량화할 수 있는 도착점을 설정하는 것이다. 반면 목적은, '3년 동안 모은 천만 원을 어디에 쓸까?'와 같이 사용방법을 고민하는 것이다. 그래서 천만 원을 사용할 목적의 의미가 강하고 깊을수록 목표에 이르는 도달속도나 달성률도 높아진다.

가령, 천만 원을 모아 평소 병으로 고생하는 어머니에게 최고의 의료 서비스를 받게 해 드릴 마음으로 세운 목표와, 평소 갖고 싶었던 오디오를 사려는 마음으로 세운 목표는, 목표액을 달성했을 때 '목적'의 정도가 크게 달라진다.

　사람은 보통 '누군가를 위해서' 설정하는 목적이 그렇지 않은 쪽보다 훨씬 강한 힘을 발휘한다. 그래서 당신의 인생에서 가장 중요하게 여겨야 할 일은 '목표'가 아니라 '목적'이다.

　'50세까지 10억을 저축할 거야.'

　좋다. 하지만 그렇게 모은 10억을 어디에 쓸 것인가?

　당장 대답할 수 없다면 목적이 무엇인지를 결정해야 한다.

　이솝우화에 나오는 '세 명의 벽돌쌓기 장인' 이야기를 인용해보자.

　어느 날 세계여행을 하던 한 여행자가 길을 걷다가 길 옆에서 힘든 표정으로 벽돌을 쌓고 있는 남자를 보았다. 여행자는 걸음을 멈추고 그 남자에게 물었다.

　"대체 지금 여기서 무엇을 하고 있습니까?"

　"무엇이라니, 보면 모르겠소? 벽돌을 쌓고 있잖소. 아침부터 밤까지 나는 여기서 벽돌을 쌓아야 하오. 당신은 모르겠지만 더운 날도 추운 날도, 그리고 강풍이 불거나 폭우가 쏟아지는 날도 온종일 벽돌을 쌓는다오. 왜 이 일을 죽어라고 해야만 하는 건지…… 나는 정말 운이 없다오."

　여행자는 이 남자에게 위로의 말을 건넨 뒤 가던 길을 재촉했다. 얼마쯤 지나자 열심히 벽돌을 쌓고 있는 또다른 남자를 만났다. 하지만 어찌된 일인지 앞서 만난 남자처럼 힘들어 보이지는 않았다. 여행자는 남자에게 물었다.

"대체 여기서 무엇을 하고 있습니까?"

"나는 말이오, 지금 거대한 벽을 만들고 있다오. 이것이 내 일이지요."

"고생이 많으시군요."

여행자는 위로의 말을 건넸다.

"고생이랄 건 없어요. 이 일 덕분에 나는 가족을 먹여 살릴 수 있으니까요. 이곳에서는 가족을 부양할 일거리를 찾기가 무척 힘들거든요. 나는 그나마 이렇게 일자리가 있어 먹고살 수 있으니 고생이라고 말하면 천벌을 받을 거요."

여행자는 격려의 말을 남기고 계속 길을 걸었다. 그런데 또 얼마쯤 가다가 활기차고 즐거운 표정으로 벽돌을 쌓아올리고 있는 남자를 만났다.

"대체 여기서 무엇을 하고 있습니까?"

"아, 제가 하고 있는 일 말인가요? 저희는 역사에 남을 훌륭한 대성당을 짓고 있는 중이랍니다."

"고생이 많으시군요."

여행자는 위로의 말을 건넸다.

"당치 않아요. 이 성당에서 많은 사람이 축복을 받고 슬픔을 털어버리게 될 텐데, 근사한 일이지요."

여행자는 남자에게 인사를 하고 다시 힘차게 걸어갔다.

이 우화에서 배울 점은, 같은 일을 하더라도 '목적'이 다르면 일하는 자세에 확연히 차이가 난다는 사실이다. 하지만 세 명이 하고 있는 일, 즉 벽돌을 하루에 몇백 장씩 쌓는다는 목표는 똑같다. 다시 말해, 목표가 같더라도 목적이 다르면 이렇게 일에 차이가 생긴다는 뜻이다. 이 우화는 왜 우리가 '목표'보다 '목적'을 명확히 해야 하는지 그 중요성을 가르쳐주고 있다.

첫 번째 남자는 '목적' 자체를 가지고 있지 않았다. 단지 벽돌을 쌓는 작업을 지시에 따라 하고 있을 뿐이다. 두 번째 남자의 목적은 벽돌을 쌓음으로써 가족을 부양하기 위한 생활비를 버는 것이다. 그리고 세 번째 남자의 목적은 역사에 남을 건축물을 짓는 데 관여함으로써 많은 사람에게 도움이 되고자 하는 것이다.

'목표'는 자신 이외에 다른 사람이나 상사, 또는 회사에서 주어질 때가 많다. 하지만 '목적'은 비교적 자신이 결정할 수 있다. 두말할 것도 없이, 당신이 살아가는 목적은 당신 스스로 발견하는 것이며 그 누구도 대신해줄 수 없다. 목적을 정하는 시기가 빠르면 빠를수록 당신의 인생은 분명 알차게 영글어 갈 것이다.

## '목표'보다 '목적'을 명확히 하라

하루 종일 벽돌을 쌓다니! 나는 왜 이런 일을 해야만 하는 걸까? 지독히도 운이 없구나.

벽돌 쌓는 일 덕분에 가족이 행복하게 살 수 있어. 불황인데 여기서 일할 수 있는 것만으로도 운이 좋아.

대성당을 짓고 있지. 완공되면 이곳에서 모두들 행복해질 테니, 얼마나 멋진 일인가!

세 명 모두 하루 종일 쌓는 벽돌의 양은 같다!

# 코엔 형제의 인생 '변혁술'에서 배울 점

미국에서 영화감독으로 활약하고 있는 형제가 있다. 어릴 때부터 8밀리 카메라를 손에 들고 영화를 찍기 시작해, 지금은 아카데미상을 수상하고 세계적으로 유명한 영화감독이 된 형제다. 형의 이름은 조엘 코엔Joel Coen, 동생은 에단 코엔Ethan Coen이다.

이름만 들어도 누구나 알 만큼 무척 유명한 감독들인데 나는 얼마 전에야 우연히 한 텔레비전 프로그램을 보고서 그들을 알게 되었다. 왜 이들 형제를 여기서 소개하는가 하면, 그들이 텔레비전 프로그램에 나와서 전한 메시지가, 내 마음에 콕 와 닿았기 때문이다.

그들은 미국 미네소타 주에서 태어나 둘의 나이가 여덟 살 때쯤부터 쉰 중후반이 된 오늘날까지 좋아하는 영화를 계속해서 찍

어왔다고 한다. 참으로 놀랄 만한 일이다.

그들이 한 말 중에서 특히 깊은 인상을 받은 이야기가 있다.

"행동하지 않으면 아무 일도 생기지 않습니다. 일단 밖으로 나가 카메라를 돌리죠. 그때부터 뭔가 바뀌기 시작하니까요."

자신의 신념을 끝까지 믿고 꾸준히 작품을 만들면 언젠가는 주위에서 인정받게 되니 '좋아하는' 마음을 소중히 여기고 꿈을 절대로 포기하지 말아야 한다는 것, 그리고 처음에는 그저 영화를 만드는 것이 좋았을 뿐이었지만 포기하지 않고 계속하다 보니 마침내는 영화 제작 일 자체를 '사랑할 수밖에 없는 단계'로 상황이 바뀌었다는 것을, 이 메시지를 통해 알 수 있었다.

형인 조엘 코엔이 아카데미상 시상식의 연설에서 한 말도 매우 인상적이다.

"에단과 저는 어릴 때부터 영화를 만들어 왔습니다. 하고 있는 일은 옛날과 별반 다르지 않아요. 아직 영화 속에서 놀고 있지요."

이 말에서도 그들의 인생이 매우 알차다는 느낌이 그대로 전해져온다. 그들은 자신의 작품을 통해 많은 사람에게 감동과 웃음, 그리고 즐거움을 제공하고 있다.

지금 이대로의 모습으로 인생을 끝마치고 싶지 않은 사람에게 일단 행동하는 것이 무엇보다 중요하다는 사실을 알려주는 뜨거운 메시지가 아닐까.

# 스티브 잡스의 '점과 점'이 의미하는 것

앞서 잠깐 말한 애플 사의 창업자 스티브 잡스가 지금부터 6년 쯤 전에 했던 연설 중에 '점과 점'이라는 이야기가 나온다.

잡스가 막 태어났을 때 아직 대학원생이었던 그의 생모는 잡스를 노동자 계급의 양부모에게 양자로 보냈다는 것은 잘 알려진 사실이다. 잡스의 생모는 이때 자신의 아이를 반드시 대학에 진학시킬 것을 조건으로 걸었다고 한다. 양부모는 죽을 힘을 다해 일해서 모은 예금을 모두 쏟아부어 약속대로 잡스를 대학에 보냈다. 하지만 잡스는 그 시절에 대해 이렇게 고백했다.

"그때 나는 장래에 내가 무엇을 하고 싶은지도 알지 못했고, 대학 수업이 내 꿈을 찾는 데 어떤 도움을 주는지도 몰랐어요. 그러면서도 나는 부모가 죽을 힘을 다해 모은 돈을 거저 쓰기만 했지요. 그래서 대학을 그만두기로 결심했습니다."

입학한 지 겨우 6개월 만에 잡스는 정말로 대학을 중퇴했다. 하지만 학교를 그만두기로 결심한 그날부터 자신이 가장 관심 있는 수업만을 골라 청강하기 시작했다.

잡스는 학교를 그만두기로 마음먹었기에 졸업에 필요한 일반 과목은 더 이상 듣지 않아도 되었고, 대신 캘리그래피calligraphy라는 '문자의 형태'를 배우는 강의에 몰래 숨어들어갔다.

당시 잡스가 다니던 리드 대학교Reed College에서는 문자의 서체나 간격 등을 세세하게 조정하면서 문자를 아름답게 보이게 하는 표현방법, 즉 캘리그래피에 관해 세계에서 으뜸가는 강의를 제공하고 있었다. 그때 그 강의에서 배운 모든 내용이 나중에 잡스의 인생에 도움이 될 거라고는 당시에는 아무도 상상하지 못했다.

하지만 10년 후 잡스가 최초의 매킨토시를 개발했을 때 이 캘리그래피를 배운 경험이 큰 도움이 되었다. 잡스는 몰래 배운 캘리그래피 기술을 맥에 심어 넣었다. 그렇게 해서 세계 최초로 아름다운 서체를 탑재한 컴퓨터가 완성된 것이다.

만일 잡스가 대학 시절에 그 강의를 몰래 듣지 않았다면 맥에 아름다운 서체가 탑재되는 일은 일어나지 않았을 것이고, 그 외의 모든 컴퓨터에도 아름다운 서체는 탑재되지 못했을 것이다.

물론 이 '점과 점'을 연결한 것 같은 결과는 당시에는 누구도 예상하지 못했다. 하지만 10년 후에 확실히 알게 된 것이다.

"연결하고 싶다고 해서 '점과 점'을 이을 수는 없어요. 나중에서야 비로소 '점과 점'이 연결되는 거지요. 여러분도 장래 어떻게든 점이 연결될 것이라고 믿으십시오. 모두 무언가를 믿어야 합니다. 왜냐하면 언젠가 '점과 점'이 선으로 이어질 거라고 믿으면 자신감이 생기고 그 자신감은 나중에 큰 차이로 나타날 테니까요."

잡스가 하고 싶었던 말은, 자신이 정말로 흥미를 느낀 일은 직감이 시키는 대로 해 볼 것, 그리고 그 실행이 장래에 반드시 도움이 될 거라고 믿고 행동하라는 것이다.

2011년 10월 5일, 잡스는 이 세상을 떠났다. 하지만 그는 우리가 살아가는 데 중요한 것을 전해주었다. '지금 이대로의 모습으로 인생을 끝마치고 싶지 않다'고 생각한다면 지금 당신이 흥미를 느낀 일에 더 많은 시간을 할애해야 한다는 소중한 사실을 말이다.

지금부터 당신이 찍을 최초의 '점'은 무엇인가?

# 잠자는 마음의 소리를 깨워라

나는 대학을 졸업하고 처음 취직한 회사에서 방문판매 영업이라는 힘든 일을 했다. 함께 입사한 157명의 동기 중에서 절반 가까운 인원이 단 1년 사이에 회사를 그만두었을 정도로 고달픈 일이었다. 지금 돌이켜보면 그때 힘들고 냉혹했던 환경을 이를 악물고 극복했던 경험이 있기에 지금 컨설턴트 일을 성공적으로 해나갈 수 있는 것이리라.

당시는 머리에 띠를 두르고 우렁차게 사훈을 외치던 믿을 수 없는 광경을 보며 '주식까지 공개한 회사가 이런 구시대적인 아침 조회를 하다니!' 하고 놀라워했지만 신기하게도 반 년이 지나자 어느새 이러한 환경에 완전히 익숙해졌다.

3개월 가까운 사내 연수를 거쳐 7월 초순부터 본격적으로 방문 판매 영업을 시작했다. 당시의 나는 아이치愛知 현의 나고야名古屋 역에서 가까운 나고야 지사에 근무하고 있었는데, 영업을 담당하는 지역은 아이치 현이 아니라 이웃하고 있는 기후岐阜 현이었다.

　"오늘부터 방문판매 영업에 나선다. 나카무라는 기후역 앞의 도매상 거리를 중심으로 한 지역을 맡아서 한 곳도 빠짐없이 100군데를 방문하면 된다. 하루에 최소한 명함 30장은 받아오도록! 다 받아오기 전에는 회사에 돌아올 생각도 하지 마라."

　상사에게 지시받은 우리 신입 영업사원들은 새로 사 입은 양복에 커다란 영업용 가방을 들고, 다른 한 손에는 자신이 담당하는 지역의 주택 지도를 들고 저마다 가장 가까운 역에 내렸다. 그러고는 전혀 모르는 회사를 한 군데씩 찾아가 "안녕하십니까?" 인사를 건네고 무작정 영업을 해야 했다.

　그러나 어느 누가 갑자기 사무실로 불쑥 찾아온, 딱 보기에도 신입 티가 줄줄 나는 영업 사원에게 당시 1대에 200만 엔이나 하는 업무용 복사기를 덥석 사 주겠는가? 1주일 동안 연거푸 거절을 당하고 나니 어느 한순간에 긴장감이 내려앉기 시작했다. 그리고 이제는 거절 당할 생각에 지레 공포심이 생겨나 점점 낯선 회사를 방문하기가 꺼려졌다.

　"안녕하십니까? 복사기를 판매하는 나카무라라고 합니다. 이번에 이 지역을 담당하게 되었습니다. 사장님은 계신가요?"

"네? 우린 필요 없어요. 바쁘니 나중에 오세요."

이런 식의 대화가 하루에 100번 가까이 계속되었는데, 30번 정도 연속해서 거절 당하고 나면 마치 내 존재 자체가 거부당하는 것 같은 착각에 빠지곤 했다.

'아, 이번에도 쫓겨나면 다음 회사의 문을 어떻게 열고 들어가나. 정말 두렵다.'

'나는 영업 일에 잘 맞지 않는 걸까. 어쩌면 이미 글렀는지도 몰라.'

어느 날 이런저런 생각을 하면서 공원 벤치에 멍하니 앉아 있다가, 방금 전 기세 등등하게 나를 쫓아냈던 회사에, 아무렇지도 않게 드나드는 사람을 우연히 발견했다.

"안녕하십니까? 매번 실례합니다. ○○택배입니다!"

어라? 나는 늘 출입을 거부 당하기만 했는데 배송업체 직원은 어떻게 저렇게 수시로 드나들 수 있는 거지?

한참을 관찰해보니 그는 그 옆 회사에도 거리낌 없이 들어가 편안한 대우를 받는 게 아닌가? 어쩌면 "매번 실례합니다. ○○입니다!"라고 외치면서 들어갈 수 있다면 사정없이 내쫓기지는 않을지도 모른다고 생각한 나는 그때부터 "매번 실례합니다. ○○입니다!" 하고 외치면서 방문영업을 계속했다.

그 결과, 계약 건수가 점점 늘어나 1년이 지날 즈음에는 전국에 있는 동기 중에서 가장 빨리 승진 대상자가 되었다. 하지만 막상 승진시험을 볼 수 있는 자격이 주어지자 나는 무엇을 위해서 회사에서 일을 하고 있는지 갑자기 혼란스러웠다.

어느 날 아침 조회 시간에 일어난 일이 계기가 되었다.

"이봐, 시마무라 주임! 자네 이렇게나 매출 실적이 저조한데도 아무렇지도 않은 얼굴로 실실 웃으면서 회사에 나오는 건가? 주임씩이나 되어서는 벌써 며칠째 계약을 해오지 못하는 거냐고! 자네는 조회 시간 내내 사람들 앞에 똑바로 앉아 있어!"

나는 매일 아침 그렇게 본보기로 징계를 받듯 질책을 당하는 주임의 모습을 보면서 이런 생각이 들었다.

'나도 지금은 신입이니까 매출 목표액을 거뜬히 채울 만한 실적을 낼 수 있지만, 만약 이대로 주임으로 승진한다면 지금 내 실적으로 봐서는 매일 아침 조회 시간에 오늘 저 주임이 당한 것과 똑같은 곤욕을 치르게 되겠지?'

'그렇다면 주임 같은 거 되고 싶지 않아.'

'하지만 내 실적에 따라 연봉을 받고 승진도 할 수 있는 벤처 기업의 영업직을 일부러 고른 거였잖아. 그런데 승진하고 싶지 않다면 도대체 나는 왜 이 회사에 있는 걸까? 그래! 이 회사에 있는 의미가 없는 거로군? 그렇다면 그만두자.'

내 머릿속에는 이와 같은 단순한 방정식이 성립되었고 그 결과, 나는 회사를 그만두기로 마음먹었다. 그리고 결심한 다음 날부터는 '완전히'라고 해도 좋을 만큼 일에서 손을 딱 뗐다.

그러자 동기 중에서 최상위 영업성적을 자랑하던 나의 실적은 순식간에 바닥에 가까울 정도로 떨어졌다. 지금껏 내게 기대하던 상사는 놀라면서도 막상 사직서를 제출하자 좀처럼 받아들여주지 않았다. 하지만 이미 그만둘 작정을 했기에 일에도 전혀 성의를 보이지 않았다.

"다녀오겠습니다." 하고 회사를 나섰지만, 공원 벤치에 앉아 앞으로 어떻게 살아야 할지 혼자서 골똘히 생각하고는 했다.

그런 나날이 일주일쯤 계속되던 어느 날 아침, "다녀오겠습니다." 하고 회사를 나서려던 순간, 언제나 매정하고 매섭기만 하던 영업소장의 입에서 생각지도 못한 한 마디가 튀어나왔다.

"나카무라, 어디로 가는 건가? 나도 함께 갈 테니 잠깐만 기다리게나."

네? 특별히 상담 약속도 하지 않고 방문영업을 다니는 나에게 소장이 따라붙다니, 이제껏 그런 일은 한 번도 없었다. 하지만 결국 거절하지 못하고 소장과 함께 방문영업에 나서게 되었다. 그리고 이동하면서 이런저런 이야기를 나누었고 소장은 내게 몇 가지 질문을 쏟아냈다.

"왜 회사를 그만두려고 하는가?"

"지금 하는 일이 그렇게도 싫은가?"

"앞으로 무슨 일을 할지 이미 정했나?"

나는 그냥 디자인 일이라도 해볼까 한다고 대답했다. 사실은 앞으로 할 일에 대해서는 아무 것도 정하지 못한 상태였으며, 회사를 그만두는 진짜 이유는 단지 주임이 되는 것이 싫었기 때문이었다.

이런 식의 대화가 오가는 동행 영업이 약 2주일 정도 계속되던 어느 날이었다. 내 마음에 작은 질문들이 생겨나기 시작했다. '어쩌면 나는 단지 도망치고 있는 것은 아닐까?' 하고 나 스스로에게 진지하게 물어보기 시작한 것이다. 한번 시작된 질문은 꼬리에 꼬리를 물고 이어졌다.

"이봐, 자네는 정말로 이 일이 싫은 거냐?"

"진짜 디자인 일이 하고 싶은 거야?"

"단지 싫어하는 일에서 도망치고 싶은 건 아니고?"

"이 정도 목표 수치가 두려워 도망친다면 평생 큰일은 할 수 없겠는데?"

"그렇다면 정말로 하고 싶은 일을 찾을 때까지 다시 한 번 온힘을 다해 눈앞에 놓인 일을 해 보면 어떨까?"

"그래, 이 회사에 있는 동안만이라도 좋으니까 일단 해보자."

이런 식으로 나는 스스로에게 질문을 던짐으로써, 마음 속 깊은 곳에서 미묘하게 들리는 '마음의 소리'에 차분히 귀를 기울였다.

그 결과, 어쨌든 회사에 다니고 있는 동안은 최선을 다해 일하기로 마음먹고, 당장 눈앞에 닥친 방문판매 영업이라는 일에 다시 힘껏 매진했다.

그렇게 뭔가 응어리가 풀린 것일까? 스물여섯 살에 연 수입은 1,000만 엔을 넘어섰고 스물여덟 살에는 단숨에 본사 영업부장까지 승진했다.

이렇게 나 자신과 마음의 대화를 나눈 것은 그때가 처음이었지만, 지금 내 인생을 돌아보면 그때 나 자신과 대화를 할 수 있었기에 지금의 내가 존재하게 된 것만은 확실하다.


당신도 만일 인생의 전환점이 될 만한 중요한 결정을 내려야 할 순간이 다가오면 반드시 자신의 마음속 소리에 귀를 기울이는 작업을 하기 바란다.

지금 이대로 인생을 끝마치고 싶지 않다면, 인생에서 중요한 일을 결정할 때 절대로 일시적인 감정이나 얕고 안이한 사고에 기대어 판단해서는 안 된다.

그 대신 자신에게 반복해서 질문하고 마음속 깊은 곳에 숨어 있는 진실한 소리에 귀 기울여서 앞으로 살아가면서 후회하지 않을 선택을 하라.

제6장

# 앞으로 한 발 내딛을 때 누구나 빠지는 함정

"

많은 사람이 빠지는 함정은, 사업이 기울어 빚을 지게 되었을 때,
앞으로 미래가 보이지 않는다는 절망의 늪에
너무 쉽게 자신을 빠뜨리고 만다는 데 있다.

# 원하는 일을 찾고도
# 80퍼센트가 실패하는 현실

"이러려고 시작한 게 아니었는데……."

하고 싶은 일을 찾아 창업한 회사나 가게를 3년도 채 지나지 않아 폐업하는 일이 끊이질 않는다. 그들 대부분이 새로 시작한 일에 인생을 걸고 열심히 매달리는데도 말이다.

당연한 말이지만, 창업이나 개업을 한 사람들은 운좋게도 자신이 하고 싶은 일을 찾은 사람들이다. 바꿔 말하면 자신의 인생을 변화시키기 위한 고민에 고민을 거듭한 끝에 어려운 결단을 내린 사람들이다. 새로운 세계로 발을 내딛은 용기 있는 사람들이다.

하지만 그들을 기다리고 있는 현실은 매우 가혹하다.

2005년 국세청에서 발표한 자료에 따르면 일본 전체의 주식회사와 유한회사는 약 225만 개로, 그 중 설립한 지 3년 이내에 도산하는 회사는 40퍼센트 가까이에 달한다고 한다. 더 놀라운 일은 5년이 지나면 전체 회사의 85퍼센트가 자취를 감추고 10년 후에는 겨우 6.3퍼센트밖에 살아남지 못한다고 한다. 그런데 이 수치는 어디까지나 법인회사만 집계한 자료이므로 개인사업자는 포함되어 있지 않다. 따라서 개인이 운영하는 가게나 개인사업자들까지 포함하면 실제로는 이 수치보다 훨씬 더 낮은 생존율을 보일 것이 분명하다. 한 출판사에서 펴낸 책 《샐러리맨을 벗어나 가게를 창업한 사람의 80퍼센트는 왜 실패할까》(야마카와 히로시山川博史 지음)의 제목이 꼭 틀린 말만은 아닌 것이다.

대체 왜 이렇게 많은 도전자가 쉽게 실패하고 무릎을 꿇고 마는 것일까?

연간 500건이 넘게 창업 희망자들의 상담을 하고 매일 그들의 생생한 현장을 보고 있자니, 그들이 함정에 빠지는 공통된 원인이 무엇인지 조금씩 보이기 시작했다.

그들은 과연 무엇을 잘못한 것일까?

## 2주 만에 꿈을 포기한 20대 레스토랑 사장

"이번에 도쿄 이타바시板橋 구에 있는 쇼핑센터에 가게를 내게 되었습니다. 그래서 가게의 내부 설비를 갖추는 데 필요한 자금 조달에 관해 상담을 하고 싶습니다……."

예전부터 하와이를 좋아해서 하와이 요리를 파는 음식점을 여는 것이 꿈이었다는 27세의 젊은이가 상담을 요청해왔다.

일본의 경우 시내 중심가 빌딩을 임대해 가게를 여는 경우에는 대개 부동산 업체가 실시하는 간단한 입주자 심사를 받아야 한다. 이때 경영자에게 어지간히 큰 문제가 없는 한 대부분 수월하게 심사에 통과된다. 하지만 이 상담자가 이미 심사에 통과한 대규모 쇼핑센터는 심사가 그렇게 간단하지 않다. 쇼핑센터 차원에서 원하는 업종이나 업태가 아니면 아예 입주를 허가해주지도 않을뿐더러 심사도 보통 까다로운 게 아니다.

그래서 나는 처음 이 상담을 맡았을 때 한 가지 의문이 떠올랐다.

'스물일곱 살의 젊은 경영자가 첫 가게를 열려고 한다. 아직 아무런 실적이 없는데도 대규모 쇼핑센터의 입주심사를 용케 통과했구나.'

그에게는 뭔가 우리가 알지 못하는 상당한 신용이 있는 것일까?

내가 하는 일은, 자신이 원하는 일을 찾아 가게를 내려는 사람의 꿈을 실현하도록 돕는 일이다. 따라서 쇼핑센터의 심사를 어떻게 통과했는지는 특별히 문제가 되지 않는다. 오히려 그만한 신용도가 있으므로 자금 조달을 하기 쉬울 것이라고 여기고, 그가 희망하는 점포 내부 설비에 필요한 자금 조달을 돕기로 마음먹었다. 개업자의 연령이 비교적 젊은데다가 신규 개업이라는 점 때문에 설비자금을 조달하는 일은 생각보다 훨씬 어려웠다. 그래도 마침내 개업에 필요한 자금을 조달하는 데 성공해서 무사히 그의 꿈이던 '하와이언 푸드코트'를 운영하게 되었다. 나는 그가 꿈을 실현하는 데 도움을 줄 수 있어서 무척 기뻤고, 이런 젊은 창업자가 점점 더 많이 나와 활약해 주기를 바랐다.

분명히 그랬다. 두달 후에 그와 연락이 끊어지기 전까지는.

쇼핑센터는 입주 심사가 까다로운 대신 입주한 점포에는 그 나름의 이점이 있다. 원래 대규모 쇼핑센터는 유동인구가 엄청나기 때문에 개별 상점과는 비교도 할 수 없을 만큼 많은 손님들이 몰려든다. 임차인은 그만큼 큰 이점을 누리게 되므로 개업 후 점포 운영이 무척 원활해진다.

이렇게 좋은 조건인데도 개업한 지 겨우 두달 만에 폐점을 하다니! 당시 나로서는 상상조차 할 수 없는 일이었다. 이후 그와는 전혀 연락이 닿지 않았고 가게를 포기한 진짜 이유를 전해 듣지도 못했다. 다만, 결과를 분석해 봤을 때 점포 운영 측면에서도 다소 문제가 있었지만 가장 큰 원인은 그가 단 두달 만에 '꿈을 버렸다'는 데 있었다.

성공한 경영자는 성공하기까지 과정에서 수많은 역경에 부딪치게 마련이다. 100년을 이어져 내려온 가게라면 그 사이에 화재가 발생했을 수도 있고 폐업 일보 직전의 불황을 겪기도 했을 것이다. 이처럼 힘든 상황이 닥쳤을 때 누구나 한번쯤은 도망치고 싶다는 생각도 들었으리라.

이럴 때 직면한 문제를 회피하느냐 아니냐가 당신의 성공과 실패를 가르는 중요한 열쇠다. 그 젊은 창업자에게는 문제에 맞서 이겨낼 의지가 없었고, 그래서 실패한 것이다.

# 베테랑 경영자는 왜 실패했을까?

창업 20주년을 맞이한 오랜 전통을 가진 튀김꼬치점의 사장과 상담을 하게 되었다. 지방에 있는 그 가게는 개업한 지 20년이 지난 지금까지 비교적 순조롭게 운영되고 있었으며, 단골손님도 꽤 많아서 이미 안정되게 잘 꾸려나가는 가게라는 느낌이 강하게 들었다.

힘든 상황도 아닌데 대체 무엇을 의논하기 위해 만나자는 것일까 의문이 들었다. 곧 사장과 이야기를 나누는 중에, 그가 지금의 상태에 만족하지 못하고 공격적으로 한 발을 내딛고 싶어 한다는 것을 깨달았다. 그의 말에는 강한 의지가 담겨 있었다.

"지방에서는 아무래도 매출에 한계가 있지요. 계속되는 불황으로 도쿄 중심지도 임차료가 낮아지는 추세인데, 이럴 때 중심가에 분점을 내서 매출을 크게 늘리고 싶습니다."

나는 사장에게 몇 가지 질문을 던졌다.

"왜 지방에서 잘 되고 있는 가게를 굳이 닫으면서까지 그곳에 점포를 내려고 하시는지요?"

"도쿄, 그것도 중심가라면 지방과 달리 부자 손님이 엄청나게 많을 테니까요. 시장 자체가 다르잖아요. 지방과는 비교할 수 없지요."

사장이 개업하기를 원하는 점포의 크기는 50평 정도로 솔직히 말해 개인이 새로 시작하는 가게로는 너무 크다 싶었다. 상담은 좀더 구체적으로 이어졌다.

"당초 계획대로 점포의 내부 설비와 인테리어 공사를 진행하다 보니, 예상보다 비용이 너무 많이 들어서 가지고 있는 돈으로는 부족합니다. 그래서 자금 조달을 부탁하려고요."

"이 가게 전체에 드는 비용을 어느 정도로 예상하고 있나요?"

"원래는 3,000만 엔 정도를 예상하고 있었는데 이래저래 추가되어서 결과적으로는 4,500만 엔 정도 들 것 같습니다."

"음, 4,500만 엔이라고요!"

상담 의뢰를 받았을 때는 이미 공사가 시작된 시점이었고, 따라서 비용을 삭감하자는 제안을 할 수 없었지만, 아무리 생각해도 점포 내장 비용으로 4,500만 엔은 지나치게 큰 금액이라는 생각이 들었다.

실은 이 상담자 말고도 필요 이상으로 점포 꾸미기에 많은 돈을 쏟아부어 자금 부족에 허덕이는 창업자들이 많다. 시작을 이렇게 하면 곧 점포 운영이 어려워지고 머지 않아 폐점 위기까지 몰리게 된다.

결국 이 가게는 우리 회사가 조달해준 귀중한 운용자금마저 일찌감치 다 써 버리고, 개업한 지 반 년 후에는 임차료도 제때 내지 못할 정도로 힘든 상황에 빠지고 말았다.

지방에서 20년을 꾸준히 운영하며 축적해온 자본금이 상당했던 이 베테랑 경영자가 어쩌다 이렇게 되었을까?

가장 큰 원인은, '돈이 생기지 않는 일에 돈을 썼기 때문'이다. 인생의 승부를 걸고 자신이 꿈꾸던 가게를 여는 것은 기쁜 일이다. 무척이나 애정을 쏟는 심정도 이해는 간다. 하지만 아무리 점포 설비와 내부 인테리어에 돈을 많이 들여도 그 자체가 돈을 만들어 주지는 않는다. 실제 수익과 연결되지 않는 디자인이나 설비에 너무 많은 비용을 쓰면, 진짜 수익을 내기 위한 후반 과정에 과부하가 걸릴 수밖에.

이 사장이 실패한 또 하나의 원인은 '고객에게 등을 돌렸다'는 점이다.

20여 년 동안 꾸준히 찾아주던 제 고장 손님들을 저버리고, 사람들이 북적이는 도심 한복판에 가게를 차리면 무작정 손님들이 몰려들 거라고 생각한 것이 착각이었다.

사실 이 사장이 원래 꿈꾸던 것은, 고객이 가게를 찾아와 맛있는 튀김꼬치 요리를 먹고 즐거워하는 모습을 보는 것이었다. 하지만 가게의 인테리어에만 너무 많은 신경을 쓰고 정작 필요한 '한 사람이라도 더 많은 손님을 가게로 끌어들이는' 작업을 게을리 한 것이다.

지방에서 벗어나 넓은 세상에서 힘차게 날갯짓하겠다던 사장의 꿈은 이렇게 흔적도 없이 사라져버렸다. 그저 사람이 많이 모이는 자리에 가게를 차리기만 하면 손님이 알아서 몰려올 것이라는 안이한 생각이 부른 참극이다.

또한 믿고 사랑해주던 고객의 믿음을 쉽게 저버린 경영자라면 그가 제아무리 베테랑이라 해도 그 일을 좋아했던 본질에서 벗어나 잘못된 길을 걷게 될 수밖에 없다는 사실을 배웠다. 과욕은 종종 더 소중한 것을 앗아간다.

# 죽을 만큼 힘들다면
# 자신의 가능성을 믿어라

어느 날 세무사로 일하는 지인과 이야기를 나누다가 웬일인지 기운이 없어 보여 이유를 물었다.

"이런 일은 처음이라……."

"처음이라니, 뭐가요?"

"실은 제 고객이 얼마 전에 자살을 했어요. 오랜 세월 이 일을 해 왔지만 고객이 자살한 것은 이번이 처음입니다. 실제로 이런 일이 일어나고 보니 생각보다 훨씬 충격이 크네요."

"아, 그런 일이 있었군요. 그래서 기운이 없으시구나."

"게다가 자살하기 전날 그 사람을 거리에서 우연히 만나기까지 했어요. 그때만 해도 무척 활기차게 인사했거든요. 전혀 자살할 사람처럼 보이지 않았는데, 근데 다음 날 아침, 사무실에서 목을 매 숨진 채로 발견됐다네요……."

"혹시 그 분, 큰 빚이 있었나요?"

"그거야 뭐, 사업을 하다 보면 어떤 회사든지 얼마간의 부채는 있게 마련이죠. 이 분도 3,000만 엔쯤 대출금이 있었나 봐요. 하지만 그것 때문에 고민하는 기색은 별로 없었는데, 지금 생각하면 역시 그 3,000만 엔의 빚 때문에 자살한 게 아닌가 싶어요. 남모르게 괴로웠겠죠."

이처럼 좋아하는 일이나 하고 싶은 일에 도전한 사람들 중에는 이런 최악의 결말을 맞이하는 사람도 있다. 드문 사례긴 하지만 이런 일을 겪을 때마다 너무 안타까워 화가 날 지경이다.

하지만 과연 이 사람이 빌린 3,000만 엔의 빚이 정말 목숨과 바꿀 정도의 금액이었을까?

전문가들의 말을 빌리자면, 실제로 '갚을 수 있을 것 같으면서도 갚을 수 없을 것 같은 금액'이 가장 목숨을 잃게 하기 쉽다고 한다. 반대로, 도저히 갚지 못할 것 같은 거액의 빚은 '쉽게 갚을 수 있는 액수가 아니다'라고 인식해 빌려준 사람이나 빌린 사람이나 의외로 쉽게 단념한다고 한다. 실제로 몇 년에 걸쳐서 아무리 노력해도 갚을 수 없는 거액의 빚을 진 사람 중에는 사업이 실패해도 천연덕스러운 경우가 많다.

나도 과거에 4억 엔이나 되는 큰 빚을 진 적이 있다. '이렇게 살아봤자 별볼일 없겠구나' '꼭 이렇게까지 살아야 하는 걸까?'라는 생각이 자주 들었고, 정말이지 지옥의 고통을 맛보았다.

하지만 결과적으로 나는 4억 엔이나 되는 빚을 지고도 죽지 않았다. 죽기는커녕 지금 매우 기운차고 팔팔하다. 그런데 그것의 10분의 1도 되지 않는 3,000만 엔의 빚을 지고 있던 부동산 중개업자는 스스로 목숨을 끊고 말았다.

이 차이는 과연 무엇일까? 단지 차이라고 부르기엔 너무 엄청난 극과 극의 결과를 부른 그 차이는 무엇일까?

간단하다. 포기하지 않는 사람은 '아무리 힘든 밑바닥 상황에 놓여도 뭔가 할 수 있다고 믿는 사람'이다. 그런 사람은 결국 마지막에 성공하게 되어 있다.

가령 자신이 운영하는 가게가 이미 가망이 없다거나, 회사 운영에 먹구름이 드리웠다고 해도 더 나아질 가능성을 쉽게 외면해서는 안 된다. 그리고 자신의 가능성을 믿는 데서부터 해결책을 찾기 시작해야 한다. 그때 떠안게 될 공포를 없애기 위해서 필요한 것들이 무엇인지는 지금부터 익히기 시작하면 된다.

많은 사람이 빠지는 함정은, 사업이 기울어 빚을 지게 되었을 때, 앞으로 미래가 보이지 않는다는 '절망의 늪'에 너무 쉽게 자신을 빠뜨리고 만다는 데 있다.

하지만 앞으로 어떤 일이 일어날지를 미리 알고 있다면 어떨까? 당장 막힌 상황에서 벗어나 앞으로 벌어질 일을 예상하고 대비할 수 있다면? 예컨대, '상황이 이렇게 되면 그 후엔 이런 일이 일어나겠지? 그럴 때 이걸 이렇게 해두면 문제의 절반은 해결할 수 있어. 그 다음에 생길 일은 뭐지? 아, 그거구나. 그렇다면 지금 해야 할 일은 바로 이거군.'

이런 식으로 앞으로 일어날 일을 가상해본다면 그토록 지독한 절망의 늪에 빠지는 일은 일어나지 않을 것이다.

따라서 나는, 몇 년 전에 생긴 4억 엔의 부채를 결코 실패라고 생각하지 않는다. 그 일이 있었기 때문에 나는 강해졌고 오히려 이 경험이 앞으로 살아갈 내 인생에 어느 정도 힘을 발휘할지 기대하고 있다.


부디, 당신의 가능성을 외면하지 마라.

앞서 살펴본 세 사람은 각각 '꿈을 포기했기' 때문에, '고객의 신의를 저버렸기' 때문에, '자신의 가능성을 외면했기' 때문에 실패했다.

  이 세 가지는 실제로 자신이 하고 싶은 일을 찾아 창업하는 사람들에게 공통적으로 찾아오는 과정이며 대표적인 실패의 이유기도 하다. 기억해 두고 마음에 새기면 손해 볼 일은 없을 것이다. 만에 하나 당신이 앞으로 그들과 비슷한 상황에 처하게 된다 해도 절대로 이런 함정에 빠지지 않길 바란다.

## 80퍼센트가 실패한다!! 예기치 못한 세 가지 함정

**1**

수많은 역경에 부딪친 기업도 많다. 고난을 피해가려고만 하면 성공하지 못한다.

**2**

돈이 생기지 않는 일에 돈을 쓰고, 자신의 이익을 우선시하여 고객을 잃는다.

**3**

밑바닥 상태에 놓였을 때 자신의 가능성을 부정한다. 자신을 믿지 않는다!

제7장

# 하고 싶은 일에
# 돈은 필요 없다

>>

나는 직업상 이런 말을 자주 듣는다.
"하고 싶은 일이야 있지만 돈이 없어서 못 해요."
안타깝게도 이 말은 틀렸다.
하고 싶은 일을 실현하는 데 필요한 것은
엄밀히 말하자면 '돈'이 아니기 때문이다.

# 돈이 없어서 할 수 없다는 말은 비겁한 변명

　어느 날 일을 마치고 집으로 돌아가는 길에 당신의 눈앞에 커다란 빛이 보이고 그 속에서 마법사가 나타난다. 그리고 놀란 당신에게 묻는다.
　"일에 지치셨군요. 당신은 지금, 하고 싶었던 일을 하면서 살고 있나요?"
　"갑자기 그렇게 물으시니 당황스럽네요. 솔직히 저도 잘 모르겠어요."
　"그렇습니까? 그렇다면 질문을 바꾸죠. 만일 오늘이 마지막 날이라면 지금 하고 있는 일로 정말 만족하십니까?"

"오늘이 마지막 날이라구요? 그렇다면 '아니'라고 확실히 말할 수 있어요. 만일 정말로 오늘이 제 인생의 마지막 날이라면 어릴 때부터 쭉 꿈꿔왔던 케이크 전문점을 한 번 해 보고 싶어요."

"그런가요? 그러면 왜 지금 그 일을 하지 않는 거죠?"

"그건, 케이크 전문점을 차리는 데 돈이 많이 드니까요. 모아놓은 돈이 별로 없어서 지금은 할 수가 없거든요."

"그러시군요. 그렇다면 만일 내 비장의 마법으로 케이크 전문점을 마련해 드린다면 어떠시겠어요?"

"호호. 고마워요 마법사님, 그렇다면 꼭 해보고 싶지요. 하지만 그런 꿈 같은 이야기가 실제로 일어날 리가 있나요? 이건 분명 꿈이에요. 그래도 한동안 잊고 있던 소중한 꿈을 일깨워주셔서 고맙습니다. 마법사님!"

만약 이 마법사 이야기가 꿈이 아니라 현실에서 실제로 일어난다면 어떻게 하겠는가? 누군가가 당신이 하고 싶어하던 일에 돈을 투자하고 도와준다면…….

나는 직업상 이런 말을 자주 듣는다.

"하고 싶은 일이야 있지만 돈이 없어서 못 해요."

안타깝게도 이 말은 틀렸다. 하고 싶은 일을 실현하는 데 필요한 것은 엄밀히 말하자면 '돈'이 아니기 때문이다.

필요한 것은 하고 싶은 일을 하려는 강한 의지, 즉 '열정'이라는 생각이 창업자들을 도우면 도울수록 강하게 든다.

"돈이 없으면 꿈마저 움츠러든다."

아사히 솔라Asahi solar 주식회사의 창업자인 하야시 다케시林武志 씨가 한 말이다. 그는 돈이 없으면 하고 싶은 일, 즉 꿈도 움츠러든다고 말했다. 하지만 나는 정작 필요한 것은 돈이 아니라고 말한다.

지금 당신은, "뭐 이런 모순된 말이 다 있어?" 하고 의아해할지도 모르겠다. 설명하자면 이렇다.

돈은 분명히 필요하다. 당연히 평생 꿈꾸던 가게를 내는 데는 적지 않은 돈이 든다. 다만, 그 돈을 처음부터 자신이 가지고 있지 않아도 좋다는 뜻이다.

어딘가에서 조달해서 그 돈으로 꿈을 이룰 수 있지 않은가? 지금 당장은 돈이 없어도 어딘가에서 조달할 수만 있다면, 결국 꿈을 이룰 수 있다는 뜻이다. 그러므로 돈이 없어서 하고 싶은 일을 하지 못한다는 말은 엄밀히 따지면 거짓말이다.

다만 조건이 있다. 필요한 돈을 조달하기 위해서는 그 사업에 대한 뜨거운 '열정'이 필요하다. 반드시 성공하겠다는 절박한 의지와 노력도 동반되어야 한다.

생각해보면 알겠지만, 돈을 제공하는 측에서도 그저 '적당한 사람'에게 돈을 빌려주고 싶어 하지 않는다. 얼마나 절실하게 자신의 꿈을 실현시키고 싶어 하는지, 또 그 꿈을 실현시키면 어떤 좋은 점이 있는지를 열정적으로 보여줄 수 있는 사람에게 돈과 기회를 주고 싶을 것이 분명하다.

창업을 할 때 자금을 조달할 수 있는 기관은 의외로 많다. 하지만 이런 기관에서 자금을 지원할 것이냐 말 것이냐는 결국 마지막에 '사람'이 '사람'을 판단하게 되어 있다.

그러므로 당신이 정말로 하고 싶은 일이 있다면 '돈이 없어서 못 한다'는 비겁한 변명은 던져버려라. 수년 동안 창업자를 돕고 있는 전문가로서 이 말 한 마디는 꼭 강조하고 싶다.

"하고 싶은 일에 돈은 필요 없다."

# 최소한의 여유자금을 비축하라

누구나 알고 있는 닌텐도 디에스DS와 위Wii라는 게임기를 만드는 닌텐도任天堂라는 회사가 있다. 이 회사의 내부 보유액이 얼마인지 아는가? 2009년 자료에 의하면 약 1조 5,272억 엔이라고 한다. 즉, 회사 운영에 쓸 '돈'에 매우 여유가 많은 회사라고 할 수 있다.

그러면 왜 닌텐도는 이토록 많은 여유자금을 보유하고만 있는 걸까? 이유는 간단하다. 자금에 여유가 없으면 꿈을 이룰 수 없기 때문이다.

게임은 즐거운 마음으로 하는 놀이인데 이런 '즐거움을 만드는 회사'가 매일 돈 때문에 곤란을 겪는다면 정말 재미있는 게임을 만들 수 있을까?

만약 회사가 자금 조달에 쫓기게 되면 본래의 '재미있는 게임을 만들겠다'는 목적에서 벗어나 돈 버는 일을 최우선으로 생각하게 될 것이다. 그렇게 되면 사업의 목적이, 재미에서 돈으로 옮겨갈 것이고, 이익을 우선 챙기는 게임 개발에만 몰두하게 될 것이다.

큰 회사뿐 아니라 작은 가게들도 마찬가지다. 새로 시작한 아주 작은 가게라 해도 여유자금이 없으면 정상적인 경영자로서의 판단과 철학이 흔들리게 되어 있다. 멀리 보지 못하고 당장 눈앞의 이익만을 좇아 잘못된 판단을 하게 되는 것이다.

가령 점포 설비에 돈을 너무 많이 들이는 바람에 자금에 여유가 없어진 식당이라면 좋은 식재료를 들여오지 못하게 되고, 손님들을 기쁘게 해주겠다는 본래의 목적은 무의미하게 변한다. 그야말로 본말이 전도되는 셈이다. 결국 좋은 식재료를 들여놓지 못하는 식당은 차츰 손님들에게 외면받고 매출이 감소하여 가게 운영 자체가 불가능해지고 만다.

남의 일 같은가? 몇몇 어리석은 소수 창업자의 실수담 같은가? 그렇지 않다. 창업 현장을 오랫동안 지켜보면서 이런 일이 너무

나 많다는 사실에 깜짝 놀라곤 한다.

　꿈을 이루기 위해 처음부터 자신의 돈은 필요하지 않다. 하지만 이후 조달할 자금에 다소 여유가 있어야 중간에 포기하지 않고, 잘못된 방향으로 가지 않고 원활하게 성공을 향해 나갈 수 있다는 사실은 분명하다.

# 당신을 응원하는 사람들이 있다

당신이 지금 회사원이든 학생이든, 혹은 직업이 없는 사람이든 지금까지 살아오면서 당신을 지원해 준 사람이 생각보다 많다는 사실을 기억하는가? 의외로 많은 사람들이 이 사실을 망각하고 산다. 부모, 남편, 형제, 친척, 동료, 지인 등 당신을 사랑하고 응원하는 사람은 생각보다 많다.

이 말은 당신이 절실하게 꿈꾸던 뭔가를 시작하겠다고 맘을 먹었을 때 도와주고 싶어하는 사람이 그만큼 많다는 뜻이기도 하다. 일가친척이나 지인들뿐만이 아니다. 찾아보면 우리 주변에는 자신이 원하는 일을 하는데 필요한 돈이나 힘을 보태줄 사람들이 적지 않다.

정부 정책 차원에서 창업자를 지원하는 프로그램도 있고, 지역별, 업종별로 새로운 기회를 부여하는 제도 또한 많다.

따라서 의욕과 열정이 충만한 사람이라면 여러 가지 방법으로 자금 지원을 받을 수 있다. 그러니 지금까지 모아놓은 돈이 적다고 지레 걱정부터 할 필요는 없다. 물론 돈이 많은 것보다는 어렵고 불편한 마음이 들겠지만 그렇다고 단지 돈 때문에 꿈을 쉽게 포기하지는 말란 뜻이다.

물론 원하는 모든 사람들이 쉽게 자금을 조달받을 수 있을 정도로 세상은 호락호락하지 않다. 하지만 이 직업에 종사하면서 오랫동안 살펴보니 '자금지원을 잘 받아내는 사람'과 '잘 받지 못하는 사람'에게는 여러 가지 공통점과 차이점이 있었다.

첫째, 자금을 지원받는 사람에게 나타나는 공통점은 무엇보다 '각오'가 대단하다는 점이다. 그들은 종종 보증인을 구해오라는 어려운 요청을 받아도 어떻게든 보증을 받아오곤 한다.

내가 아는 어떤 사람은 이런 방법으로 자신의 각오를 보여줬다고 한다.

"지역 주민들이 진정으로 좋아할 만한 '어린이 카페'를 이 거리에 개업하려고 진지하게 구상하고 있습니다. 어린 아이를 데리고 다녀야 하는 엄마들이 느긋하게 식사하거나 커피를 마실 만한 장소가 이 거리에는 아직 없거든요. 그러니 큰 아버지께서 보증인이 되어 주셨으면 합니다. 물론 무조건 도와달라는 부탁이 아닙니다. 저는 큰아버지를 수령자로 지정해 제 생명보험도 가입하려고 합니다. 절대 폐를 끼치지 않을 테니 아무쪼록 자금조달에 필요한 보증인이 되어 주시겠습니까?"

생명보험까지는 조금 과하다는 생각도 들지만, 이 정도 각오라면 상대에게 그 진심이 전달되기에 충분하지 않을까? 목숨까지 담보할 정도로 굳은 의지를 가진 사람에게는 지원자가 절로 나타나게 마련이다.

반대로, 각오가 제대로 서 있지 않은 사람에게 "보증인이 되어 주실 분은 계신가요?" 하고 물으면, 아직 의뢰해보지도 않고 "부탁할 만한 사람이 아무도 없어요."라는 무성의한 대답이 돌아온다.

각오는 다른 사람에게 그대로 전해진다. 당신이 정말로 꿈을 이루고 싶다면, 누구보다도 그 꿈을 절실하게 대할 때 응원하는 사람도 진지하게 받아들일 것이다.

둘째, 도리를 잘 지키는 사람은 많은 사람들의 지지를 받기 쉽다. 당신이 만약 지금 일하는 회사를 그만두고 창업할 경우 직장 사람들의 응원을 받을 만큼 반듯한 태도로 일해 왔다면 자금조달력에 큰 차이가 난다. 이는 다른 사람에게 폐를 끼치지 않는 기본적인 생활 자세가 평소에 다 드러나기 때문이다.

회사를 그만두기로 결정하자마자 '이제 어차피 그만 둘 건데 뭘!'하면서, 아직 재직하고 있는 직장의 업무를 아무렇게나 적당히 처리하고 마는 사람들이 있다. 이러한 사람이 어떤 일을 시작한다면 과연 그 직장 사람들이 응원해주겠는가? 당신이라면 그런 사람을 지지하고 싶겠는가? 결국 그만둔 직장의 상사나 경영자, 동료들이 새로 시작한 사업을 응원해주는 사람이라면 자금 조달을 돕고 있는 우리로서도 매우 안심하고 지원할 수 있다.

셋째로, 성실한가 그렇지 않은가 하는 점이다. 자금 지원을 신청한 사람에게 성실성이 결여되어 있다면, 이후 아무래도 사업 운영을 잘 해나가지 못하는 경우가 자주 발생한다.

한 예로, 어떤 사람들은 "창업 자금을 조달받을 수 있도록 잘 부탁드립니다."라고 부탁해 놓고, 뒤에서는 또 다른 조달 기관에도 같은 의뢰를 한다. 그래서 두 제안 중 최종적으로 조건이 좋은 쪽을 선택하려는 것이다. 처음부터 상대를 이용하려는 사고방식을 지닌 사람을 진정으로 응원하는 사람은 별로 없다.

자금조달을 해주는 기관의 심사기준은 각각 다르지만, 기준 이전에 그 심사를 실시하는 주체는 '사람'이다. 심사에 사람이 끼어 있는 이상, 지원자의 생활 자세나 사람을 대하는 태도에 따라서도 지원을 해줄지 말지 결과가 크게 달라진다는 점을 잊지 말자.

당신을 응원해주는 사람들이 많으면 많을수록 꿈도, 필요한 자금도, 운영에 필요한 여유자금도 모두 갖출 확률은 월등히 높아진다.

## 지원받을 수 있는 사람 & 받지 못하는 사람

### 지원 가능

- **각오가 단단하다** – 대출을 받기 위해 생명보험에 가입할 정도로 각오가 단단하다.
- **도리를 잘 지킨다** – 다른 사람에게 폐를 끼치지 않고 업무 인계도 착실히 한다.
- **성실하다** – 사람과 사람의 관계를 중시하고 상대를 배신하지 않는다.

### 지원 불가능

- **각오가 신통치 않다** – 부탁도 하지 않고 도와줄 사람이 없다고 포기한다.
- **도리에 어긋난다** – 일처리를 제대로 하지 않고 회사를 떠난다.
- **불성실하다** – 지원 신청을 두세 군데 동시에 하고 상대를 이용하려고 든다.

# 빚, 두려워하지 말고
# 적극적으로 활용하라

하고 싶은 일을 찾아 사업을 일으키고, 있는 힘을 다해 노력했지만 꽤 큰 빚이 남았다면 어떻게 할까?

많은 사람들이 이런 두려움 때문에 하고 싶은 일을 시작도 해 보지 못하고 지레 포기한다.

어느 날 뉴스에서 20대와 30대 젊은 사업가들에게 '창업'에 대한 앙케트를 실시한 결과를 보았다. 전체적인 경향으로는, 2005년에 일어난 라이브도어 사건(일본 최대 민영방송인 후지TV의 경영권 장악을 시도한 인터넷 신흥기업 라이브도어의 사장이 계열사를 통해 주가조작 등 부정 거래 행위를 저지른 사건-옮긴이) 이래, '창업' '벤처' '독립'을 희망하는 사람이 급격한 감소 추세에 있다고 한다. 이는 앙케트에 응한 젊은이의 인터뷰 장면을 보면 잘 알 수 있다.

"저는 도저히 그렇게 큰 책임을 질 수 없어요."

"라이브도어 사건을 보고, 벤처 기업을 경영하는 일은 무척 두려운 일이라는 걸 알았어요."

"가능한 한 안정된 직장에서 쭉 일하고 싶습니다."

"창업이라니 당치도 않아요. 흥하든 망하든 위험을 감수해야 하는 일은 제게 맞지 않거든요."

그리고 2008년에 일어난 리먼 쇼크(미국의 서브프라임 모기지론으로 인해 미국의 투자은행인 리먼 브라더스가 파산 신청을 하면서 그 영향으로 세계적인 금융위기가 일어난 사태-옮긴이)의 여파로 젊은이의 창업 희망은 더욱 더 저하되고 있다.

게다가 2011년 발생한 지진과 쓰나미로 인해 일본의 경제 상황은 더욱 혹독한 상황으로 내몰리고 있다. 이와 맞물려 젊은이들은 더 안정된 직장을 선호하는 현상이 강해지고 있다. 그 증거로 최근 실시한 다른 앙케트에서도 '지금 회사에서 평생 일하고 싶다'며 종신고용을 희망하는 젊은이가 급증하고 있다니 마치 종신고용 시절로 되돌아간 게 아닌가 싶은 착각에 빠질 정도다.

이렇듯 많은 젊은이가 '창업하고 싶지 않다'고 대답했지만 그 하고 싶지 않은 창업에 30세에 뛰어든 나는 8년 후 보기 좋게 4억 엔의 부채를 안고 도산 위기에 내몰렸다. 하지만 고생을 맛본 그 시절의 밑바닥 경험을 통해 '돈의 실체'를 알았고, 큰 부채를 안고서도 그다지 큰 어려움 없이 생활해왔다. 그뿐인가, 이제 그 빚을 거의 다 갚았고 머지 않아 나머지 빚도 청산하게 될 것 같다.

내가 여기서 말한 '돈의 실체'란 부채를 필요 이상으로 두려워하지 않아도 된다는 뜻이다. 부채라고 하면 사람들은 왠지 떳떳하지 못하고 구질구질하다는 이미지를 연상시킨다.

하지만 나는 사업을 하는 사람들에게 부채란 상거래의 일부라고 생각한다. 상거래는 정당한 경제활동을 기반으로 성립되며 철저한 계약이다. 그러므로 부채를 필요 이상으로 두려워할 필요도 없을뿐더러 적절한 지식만 갖추고 있으면 무리 없이 대처해 나갈 수 있다.

그러니 만약 창업을 해서 많은 빚을 지게 되더라도 절대 크게 겁먹지 말라.

나는 사업을 하면서 돈의 실체를 몸소 체험하고 많은 것을 배웠다. 그런 과정에서 빚에 대한 부정적인 이미지를 완전히 씻어내고 새로운 인식을 갖게 되었다. 빚은 두렵고 옭죄는 어떤 것이 아니라 '지렛대 법칙'을 사용해 효과적으로 운용할 수 있는 것이라는 점도 깨달았다. 그때 느낀 바를 한 문장으로 응축해서 표현하면 이렇다.

'사람은 보이지 않는 것에 공포를 느낀다. 그렇기 때문에 보기 위한 지식이 필요하다.'

즉, 창업에 부정적이라고 답한 젊은 사업가들은 경험해본 적도 없고, 해보이지도 않은 창업에 막연히 공포심을 느낀다. 하지만 이는 전적으로 경험해보지 못한 세계에 대한 막연한 공포일 뿐 실체는 전혀 다를 수 있다. 또한 확실한 지식과 경험을 습득하면 두려움은 작아지거나 사라진다. 오히려 창업하거나 하고 싶은 일에 도전하는 것이 얼마나 큰 기회인지 깨닫게 될 것이다.

다만 한 가지 확실하게 말할 수 있는 것은, 많은 사람이 생각하는 상황에 반대 되는 상황을 염두에 두지 못하는 사람은 성공할 수 없다는 사실이다.

창업자가 적은 시기일수록 창업하는 사람에게 큰 기회가 찾아오는 법이다. 돈을 빌린 일로 곤란한 일이 생기지 않게 알맞은 지식을 갖춘다면 얼마든지 자신이 하고 싶은 일에 도전할 수 있다. 그런데도 왜 도전을 미루고 용기를 내지 않는지 경험자로서는 늘 안타깝기만 하다.

제8장

# 성취감을 손에 넣은 사람들이 다른 점

"

만약 당신이 지금 중년의 문턱에서 진로를 고민하고 있다면,
스스로에게 진지하게 물어볼 필요가 있다.
'나는 나의 인생에 한계를 긋고 있는 것은 아닐까?'

## 자신의 인생을 스스로 계획하고 조정한다

나는 지금까지 자신이 좋아하는 일을 찾아서 성취감을 느껴본 사람이라면 하고 싶은 일을 찾아 성공할 수 있을 거라고 말했다. 이번 장에서는 실제로 자신이 하고 싶은 일에 도전한 후에 성취감을 느끼는 사람들이 실제로 무엇을 깨닫고 변화했는지 살펴보려고 한다.

샐러리맨으로 10년 넘게 살던 나가오카 씨는 1년 전 그토록 원하던 카페를 개업했다. 그가 원하던 카페의 콘셉트는 여성들이 좋아하는 '건강 쌀가루 카페'로 '88카페'라는 이름을 붙였다. 그는 요즘 매일 바쁘고 알찬 나날을 보내고 있다.

"이 가게에서는 무엇을 파나요?"

"보통 카페와 달리, 건강에 좋은 쌀가루 메뉴를 마련했습니다."

"그렇군요. 하지만 왜 카페 이름이 '88카페'인가요?"

"쌀이라는 한자*를 뜯어 살펴보면 88八+八이라는 숫자가 되거든요. 즉, 쌀가루를 이용한 빵과 국수를 중심으로 건강메뉴를 취급하는 카페라는 의미에서 88카페라고 이름을 지었습니다."

개업한 지 6개월 이상이 지났는데 경영도 순조롭게 잘 하고 있는 나가오카 씨에게, 실제로 독립해보고 느낀 점은 무엇인지 물었다.

"좋아하는 일에 도전해봤다는 기쁨이 커요. 더불어 월급쟁이 시절보다 더 많은 수입도 생겼고요. 무엇보다 내 일을 하니까 하루하루 정말 열심히 살게 돼요. 손님이 기뻐하는 모습도 힘의 원천입니다."

그에게 샐러리맨 시절과 이 일에 빠져 살고 있는 현재를 비교할 때 어떤 점이 가장 달라졌는지 다시 물었다.

"아무래도 지시받아 일을 하던 감각에서 완전히 해방되었다고나 할까요."

그는 이렇게 덧붙였다.

"회사를 나오고 난 뒤 절실하게 깨달았는데, 누군가의 지시를 받아 일하는 형태가 제게는 맞지 않았던 것 같아요. 물론 독립하는 것도 그에 상응하는 리스크가 크지만 그 대신 제가 좋아하는 일을 하면서 인생을 보낼 수 있다는 만족감과 미래에 대한 기대감은 무엇과도 바꿀 수 없는 소중한 선물입니다."

나가오카 씨의 말을 해석해보면 매우 중요한 가치가 숨겨져 있다. 바로 자신의 인생을 스스로 계획하고 조정할 수 있을 때 인간은 비로소 '성취감'을 맛볼 수 있다는 사실이다.

마지막으로 "독립할 때 불안감을 어떻게 해소했는가?"라는 질문과 앞으로의 계획에 대해 물었다.

"어휴, 말도 못할 불안감이 있었죠. 하지만 기왕 마음을 먹은 바에야 무조건 눈앞에 닥친 일을 열심히 했어요. 그러는 사이에 불안한 마음이 조금씩 사라지더라구요. 솔직히 말하면 불안할 틈도 없었다고나 할까요. 생전 처음 하는 가게가 다행히 순조롭게 운영되고 있으니 이제 가게를 맡길 수 있을 만한 직원을 길러내서 지역 밀착형으로 두 번째 가게를 갖고 싶다는 욕심이 생겼어요. 이것이 지금 생각하는 나의 목표에요. 그렇게 하나씩 가게를 늘려 이 88카페를 유명하게 키워보고 싶어요. 바쁜 여성들이나 가족을 동반한 많은 분들에게 조금이라도 몸에 좋은 메뉴를 제공해서 건강에 도움이 되기를 최종 목적으로 삼고 있습니다."

물론 나가오카 씨만큼 명쾌하고 확실하게 인생의 목적을 갖고 있는 사람들은 많지 않다. 하지만 자신의 인생을 스스로 조정하고 계획하다 보면 자연스럽게 성취감을 느끼게 되고, 그 결과 살아가는 보람과 뜻밖의 원대한 꿈도 꿀 수 있게 된다.

# 타인에게 도움을
# 주고 있다는 보람을 느낀다

보람찬 인생을 보내기 위해서는 성취감이 필요하며 이 성취감은 상대방과 주고 받는 감정을 통해 완성된다. 즉, 사업의 대상이 되는 고객에게 사랑을 받고 그들에게 도움을 주고 있다는 생각이 들면 돈을 버는 것과는 또다른 차원의 성취감을 맛볼 수 있다.

"광고 전단지를 넣었던 고객에게서 불만이 들어왔어요."

이 말을 들었을 때 나는 분명 우편함에 마음대로 광고 전단지를 넣는 바람에 주인이 화가 나서 항의를 한 것이라고 생각했다. 하지만 알고 보니 내막이 전혀 달랐다.

"옆집에는 할인 쿠폰이 들어 있던데 왜 우리 집에는 할인 쿠폰이 빠진 거죠?"

이런 불만이었다. 나는 그 전까지는 한번도 이런 종류의 불평을 들은 적이 없었다.

이 뜻밖의 항의를 받은 곳은, 반 년 전쯤 도쿄 주택가에 오픈한 꼬치구이집 '고코로(마음이라는 뜻-옮긴이)'라는 가게다. 주인은 경리업무를 그만 두고 26세에 창업한 사토 씨다.

"왜 갑자기 경리직을 그만두고 꼬치구이점을 하려고 마음먹었나요?"

"제가 하고 싶은 일은 직접 손님을 상대하는 장사라는 것을, 경리로 일하면서 새삼 깨달았어요. 그중에서도 언젠가 먹었던 흰 간 꼬치구이가 맛있어서 그 꼬치구이 점에 일을 배우러 들어갔지요. 그곳에서 충분히 실습을 거친 뒤 이 가게를 열었답니다."

사토 씨의 가게는 아직 개업한 지 얼마 되지 않았지만 인근 고객들에게 무척 인기가 있어 매일 가게 밖으로 손님들이 줄을 서서 기다리는 진풍경이 연출됐다.

하지만 안타깝게도 이 가게의 입지는 좋다고 할 수 없다. 가장 가까운 전철역과 8분 정도 떨어져 있지만 사람이 잘 다니지 않는 후미진 곳에 있기 때문이다.

그런데 어떻게 이런 장소에서 이만큼 번성할 수 있었을까? 그

답은 쿠폰의 불만 제기로 드러났다. 요컨대, 이 가게가 어떻게 인근의 손님들에게 사랑받고 있는가 하는 점이다. 사토 씨의 가게의 콘셉트를 직접 들어보고 그 이유를 조금씩 알게 되었다.

"이 근처에 사는 분들이 편안하게 찾는 가게를 만들겠다는 확실한 콘셉트를 정했기 때문에 일부러 역 주변을 피해 주택가에 가게를 차렸어요. 비교적 연배가 있는 분들이나 아이들을 데리고 오는 분들은 일부러 도심까지 나가서 늦은 시간에 식사를 하지 않는다는 생각을 했거든요. 그렇다면 집에서 가까운 곳에 맛있고 편안한 식당이 있다면 반드시 성공할 거라는 확신이 있었습니다."

평소 '왜 이 근처에는 그런 식당이 하나도 없을까?'라고 생각한 지역 주민들의 심리를 제대로 파악한 것이다. 그리고 그들이 좋아할 만한 음식과 서비스를 제공함으로써 고객들이 '내 집에도 쿠폰을 넣어 달라'고 강하게 요청할 정도로 성공한 것이다.

성취감을 크게 느끼는 인생을 살고 싶다면 우선, '다른 사람을 위해 도움이 되고 있다'고 느낄 수 있어야 한다. 지역 사람들의 편의를 고려해서 이들에게 도움을 주는 가게를 갖는 게 목적이라면, 굳이 좋은 입지조건을 고수하지 않아도 좋은 결과를 얻을 수 있다. 좋은 입지조건이 가게를 번창하게 하는 절대 조건이 아니라는 뜻이다.

　더 많은 사람에게 도움을 주겠다는 소신이 입지조건을 능가하는 조건이 된다니 놀랄 만한 일 아닌가.

　사토 씨는 더불어 '하고 싶은 일'에 도전할 때의 즐거움에 대해 이렇게 말해주었다.

　"자신이 좋아하는 인생을 사는 데는 용기가 필요합니다. 하지만 용기를 낸 후엔 엄청난 만족감이 기다리고 있지요. 매순간 성취감을 느끼며 사는 인생만큼 신나는 일은 없어요. 다른 사람들도 하루빨리 이런 길을 찾아가야 한다고 생각해요."

## 타인의 시선보다 스스로의 행복을 중시한다

종종 학력이나 자격증을 너무 의식한 나머지, 자신이 정말로 하고 싶은 일을 뒤로 미룬 채 인생을 허비하는 사람들이 있다. 하지만 인생에서 정말 중요한 것은 자격증이나 학력이 아니다. 그것보다는 자신이 어떻게 살지 아는 것이 더 중요하다.

리스크를 무릅쓰고 자신의 마음에 솔직하게 답하면서 성취감을 만끽하는 인생을 사는 사람이 있다.

"약사를 그만두려고 해요. 릴랙세이션 살롱relaxation salon을 차리고 싶어요."

어느 날 약사인 30대의 다키타 씨가 상담을 청해왔다.

약사 자격은 국가자격증이므로 취득하기 쉽지 않다. 약학대학을 졸업한 뒤에도 많은 공부를 하고 자격시험을 거쳐야 비로소 얻게 되는 귀한 자격증이다. 그런데 왜 남들이 부러워하는 약사를 그만 두고 릴랙세이션 살롱을 차리려는 것일까?

어떻게 보나 약사 쪽이 수입이나 장래성에서 더 좋은 것이 분명한데 말이다. 다키타 씨는 이렇게 말을 이었다.

"아무리 남들이 부러워하는 자격증이래도 실제로 해보고 나서 제가 좋아하는 일이 아니라는 걸 알게 되었거든요. 이제는 좋아하는 일을 시작하고 싶어요. 단지 그 이유뿐이에요."

나는 그를 보며 요즘 세상에 찾아보기 드문, 자신의 마음에 무척 솔직한 사람이라고 느꼈다. 단지 한 번뿐인 인생이므로 정말로 하고 싶은 일에 시간을 쓰고 싶다는 그를 보면서 나는 기쁜 마음으로 응원하고 싶어졌다. 다섯 번이나 죽을 고비를 넘기면서 줄곧 해온 생각이 바로 이런 생각이기 때문이다.

자신의 마음에 솔직하게 살아간다는 것은 곧 '리스크를 무릅쓴다'는 뜻과도 같다. 한 번의 결단으로 인해 약사였을 때보다 수입이 크게 떨어질 수도 있는 데다가 만약 새로운 도전에 실패한다면 주변의 시선이나 평가가 좋지 않을 것이 분명하다.

하지만 그는 분명 좋아하는 일, 하고 싶은 일을 선택함으로써 성취감을 느끼면서 살아갈 것이다. 인생에서 하고 싶지 않은 일을 계속 하는 것은 결국 가장 큰 리스크이기 때문이다.

후회 없는 인생을 살고 싶다면 리스크를 무릅쓰고라도 자신에게 솔직해져야 한다. 남들이 취득하기 쉽지 않은 자격증을 가졌다거나 남들보다 좋은 학교를 졸업했다는 이유로, 타인의 시선과 평가에 얽매여 하고 싶은 일을 하지 못하는 것은 긴 인생의 여정으로 볼 때 참으로 어리석은 일이다.

두 번 사는 인생이 아니질 않은가?

# 일을 사랑한다는 것의
# 진짜 의미를 안다

"새벽 3시까지 일하는 데도 전혀 피곤하지 않아요."
"제게 하루 48시간을 달라고 기도하곤 합니다."

농담이나 과장이 아니다. 자신의 일을 정말로 사랑하는 사람들의 진심어린 마음이다.

도쿄의 미타카三鷹 시에는 낡은 기모노를 이용해 새 양산을 만들며 지금도 현역으로 일하고 있는 '우산 만들기의 장인' 가마타 도모코鎌田智子 씨가 살고 있다. 그는 올해로 여든 살이 넘었는데, 새벽까지 일에 흠뻑 빠져 있으면서도 피곤한 줄 모르겠단다. 그

나이에 보통 사람이라면 밤 8~9시만 돼도 피곤해 하거나 잠이 들 시간이다.

열정을 지니고 살아가는 사람은 매일 매일 주어진 시간이 부족할 정도로 열심히 살아간다는 것을 새삼 느낄 수 있어서 감탄했다.

가마타 씨는 한때 '예순 살이 되면 일을 그만둬야지' '일흔 살이 되면 일을 그만둬야지'라고 생각했다고 한다. 하지만 여든이 넘은 지금도 일을 그만 둘 수 없다고 말한다. 이 일을 하면 잠자는 것도, 먹는 것도 잊을 만큼 이 일을 사랑하기 때문이다. 실제로 이렇게 말하는 그의 얼굴에서는 젊은 사람 못지않은 열정과 기운이 느껴졌다.

"즐거운 일을 하면서 살면 젊게 살 수 있어요. 그래서 무척 행복합니다. 그저 내 마음에 흡족할 만큼 일하는 것을 목표로 하고 있지만, 아직도 멀었지요."

당신은 지금 하고 있는 일에 이런 마음가짐으로 임하고 있는가? 가마타 씨처럼 하루가 48시간이면 좋겠다고 생각하는 일을 하고 있는가?

만약 그렇지 않다면 그렇게 생각할 수 있는 일을 찾아 진지하게 고민해봐야 한다.

가마타 씨의 가게는 지금은 사용하지 않지만 추억이 가득 찬 물품을 고쳐 활용해 우산을 만들기 때문에 두 번 다시 쓰지 않는 물건을 재료로 사용한다. 그래서 그는 늘 긴장한다고 한다. 그런 마음으로 정성을 쏟아 만들기 때문에 고객들이 3개월이나 기다려야 물건을 살 수 있는 인기 상점이 된 것이다.

"지금 하고 있는 일을 사랑합니까?"

잠이 오지 않을 정도로 일을 사랑한다는 것은 바꿔 말하면 강한 성취감을 느낄 수 있는 충만한 인생을 살고 있다는 뜻이다. 80세 현역, 부러운 인생을 살고 있다는 생각이 들지 않는가.

## 자신의 인생에
## 한계를 긋지 않는다

지금까지 '하고 싶은 일'은 가능한 한 빨리, 특히나 한 살이라도 젊을 때 깨닫는 편이 좋다고 강조했다. 물론 옳은 말이다. 하지만 나이가 좀 들었다고 해서 크게 다르지 않다.

주변에는 50세가 넘었으니 이제 인생은 끝났다거나 무력해졌다는 말을 하는 어른들이 많다. 이는 스스로 자신의 인생에 한계를 정하는 짓이다. 이런 사람에게는 가노 아이菅野藍 씨를 소개하고 싶다.

가노 씨는 1908년에 태어난 102세의 할아버지인데 현재 혼자

살면서 매일 손수 밥을 지어 드신다고 한다. 가노 씨는 50세에 서예를 시작하여 지금도 계속하고 있으며, 이미 이 분야에서 52년 경력의 최고 베테랑이다. 현재는 70대, 80대의 제자 수십 명이 다니고 있는 서예교실의 사범이다.

사실 주변을 잘 찾아보면 이런 분들이 적지 않다. 이런 분들을 보면 '이른 시기'란 과연 언제일까를 생각하지 않을 수 없다.

평생을 가도 인생을 걸 만한 '미션'을 찾지 못하는 사람이 많은데, 가노 씨는 50세에 자신의 일을 찾아 이미 52년이나 그 일에 몰두해 살았다고 하니, 그에게 50세의 시작이란 충분히 '이른 시기'라고 말할 수 있지 않을까.

뭔가를 시작하기에 좋은 시기는 흔히 20대나 30대를 가리킨다고 믿기 쉽다. 하지만 40대, 50대 심지어 70대에 새로운 인생을 시작하는 사람들도 많다. 그들에게 늦은 시작은 없다고 봐야 한다.

그러고 보면 우리가 경계해야 할 대상은 사실 나이가 아니다. 우리가 제멋대로 만들어낸 고정관념이야말로 뭔가를 시작하기에 가장 무서운 적인지도 모른다.

이렇게 열정적으로 사는 가노 씨는 90세 때 처음으로 해외여행을 갔다고 한다. 사실 하고 싶은 일을 찾은 사람들 중에는 인생을 즐길 줄 알고 호기심이 왕성한 사람이 많다. 인생의 50년을 보내고 슬슬 자신의 인생도 막바지에 이르렀다고 낙담하는 사람에게 가노 씨는 분명 이렇게 말하지 않을까?

"당신은 아직 인생의 절반도 오지 않았소. 무슨 바보 같은 얘기를 하는 거요?"

특히 50세가 넘은 사람이 젊은이들보다 단연 유리한 점이 한 가지 있다. 바로, 젊을 때에는 좀처럼 깨닫기 어려웠던 '인생의 마지막'을 자연스레 의식할 수 있게 된다는 점이다.

나처럼 서른 살까지 몇 번이나 죽을 고비를 넘겼다거나 젊을 때 큰 병이라도 앓지 않는 한, 인생의 마지막 순간은 평소에 좀처럼 생각하지 못한다. 따라서 50세가 되어 무언가에 도전한다는 것은 단지 한 번뿐인 인생을 멋지게 채워줄 가치와 가능성을 듬뿍 숨기고 있다고 해도 과언이 아니다.

50세가 넘어서도 새로운 일에 충분히 도전할 수 있고, 그 분야의 전문가가 될 수 있다는 가능성을 깨닫게 해준 102세 할아버지의 자세야말로 우리가 잊어서는 안되는 정신이다.

만약 당신이 지금 중년의 문턱에서 진로를 고민하고 있다면, 스스로에게 진지하게 물어볼 필요가 있다.

'나는 나의 인생에 한계를 긋고 있는 것은 아닐까?'

# 인생의 미션을 찾아 실천한다

　나도 한때는 특별히 하고 싶은 일이 없었다. 그렇다면 나는 어떻게 하고 싶은 일을 찾아냈을까? 어느 날 갑자기 하고 싶은 일이 머리에 떠올랐을까? 아니면 무턱대고 하고 싶은 일이 있다고 우기며 시작부터 하고 봤을까? 아니다. 정확히 말하면 나는 하고 싶은 일을 찾으려고 발버둥을 치는 과정에서 우연히 찾게 됐다고 말하는 편이 맞다.

　나는 고등학생 때부터 대학생까지 6년 동안 웬만한 아르바이트를 닥치는 대로 해봤다. 어림잡아도 스무 가지 이상을 해본 것 같다. 하지만 그 중에 인생을 걸고 해보고 싶을 만큼 좋아하는 일은 단 하나도 없었다.

대학 시절 4년 내내 열정적으로 빠져들었던 밴드활동도 지나고 보니 결국 학창시절의 취미에 지나지 않았다. 이후 도전했던 교사의 길도 마지막 순간에 매력을 느끼지 못하고 최종 시험에서 포기하고 말았다. 사회인이 되어 영업의 세계에 뛰어들어 열심히 하고, 또 운 좋게 영업부장까지 단숨에 승진했지만 그 일 자체를 진정으로 좋아했던 것은 아니다.

이쯤 되니 아직 세상에 존재하지 않는 새로운 비즈니스를 내 힘으로 시작해보고 싶다는 야망이 생겼다. 그래서 독자적으로 시장조사를 하고 당시 관련회사의 몇몇 책임자와 의견을 절충해 신규사업 설립계획을 세우기도 했다. 그리고 당당하게 본사 중역들 앞에서 프레젠테이션을 했지만 제안은 보기 좋게 거절당하고 말았다.

그 일을 계기로 나는 월급쟁이라는 위치에서 뭔가를 시작하기에는 한계가 많다는 것을 절감했다. 이런 직장생활로는 더 이상 성장하기 어렵다는 사실을 깊이 깨달은 것이다.

그래서 30세에 창업을 결심했다. 하지만 당시 나는 사회에 나온 후 많은 일을 해보지 않았고 단지 회사가 만든 설비를 파는 영업밖에는 할 수 있는 게 없었다. 그런 현실을 깨달은 나는 결국, 지금까지 하던 일인 설비영업을 하는 회사를 세우게 된 것이다.

그 후 매년 1억 엔 정도의 매출을 올렸고 3년 후에는 4억 엔 가까운 매출을 올리는 회사로 급성장했다. 그러나 이 무렵 '주식공개 붐'이 일면서 나는 엄청난 시련을 겪어야 했다.

당시에 주식공개 붐이 일기 시작하자 연간 매출액이 겨우 4억 엔도 되지 않는 내 회사에까지 수많은 벤처 캐피탈, 대규모 증권회사, 대형 감사법인, 투자회사가 몰려들었다. 주식을 공개하기 위해서는 매출을 급성장시켜 회사의 규모를 확장해야 했기 때문이다. 그런 흐름에 쫓긴 나는, 이제껏 특별히 무리하지 않고 내 능력에 맞춰 운영하던 방식에서 완전히 벗어나 거액을 융자받아 필요 이상으로 과감한 설비 투자를 했다.

설상가상으로 리먼 쇼크가 시작되기 직전 회사의 경영 상황은 크게 기울기 시작했고 당시 40명이나 되는 우수한 직원들은 모두 회사를 떠났다. 내게 남은 것은 4억 엔의 부채뿐이었다.

그런데 상황이 이렇게 변해가는 과정에서 나는 인생의 미션에 관련한 '계기'가 있다는 사실을 나중에서야 겨우 깨달았다. 주식공개 준비를 시작하는 단계에서 어떤 투자회사에서 해준 조언 덕분이었다.

"나카무라 씨, 주식을 공개하는 회사는 단지 자기 회사의 이익만을 추구해서는 안 됩니다. 세상에서 얻은 이익을 제대로 사회에 환원할 수 있는 착실한 회사를 지향하지 않고서는 진정 매력적인 회사가 될 수 없어요."

많은 사람에게 지지를 받는 주식공개 기업이 되기 위해서는 사회적인 책임과 사회 공헌도 필요하다는 충고였던 것으로 기억한다.

나는 그 말을 듣고 곧바로 사내 사람들을 모아 '사회 공헌 활동에 관한 회의'를 개최하고 당시 우리가 과연 무엇을 할 수 있을지 이야기를 나누었다.

'현재 일본에서 가장 불우한 처지에 놓인 사람들에게 손을 내미는 일'

이것이 회의의 결과로 우리가 내놓은 답이었다. 구체적으로는 어렸을 때 부모를 잃은 아이들에게 즐거운 시간이나 경제적인 도움, 교육 등의 지원 활동을 전개하기로 결정하고 바로 행동으로 옮겼다.

근교에 있는 보육원에 직접 전화를 걸어서 외부 단체나 기업이 참가하거나 협력할 수 있는 행사가 있는지 물어보았다. 그러자 당시 사무실이 위치해 있던 근처에 작은 보육원이 있고 그 곳에서 자선 바자 행사를 개최한다는 사실을 알아내고는 그 바자회에 참가하기로 했다.

직원들은 사 놓고 쓰지 않은 물품이나 집에서 쓸모 없어진 물건들을 가져와 내놓았고, 거래처와 고객에게도 행사의 취지를 설명하고 협조를 구해 수백 점의 기부물품을 모을 수 있었다.

개중에는 매우 값비싼 브랜드인 식기류도 있어 바자회를 찾은 일반인에게 시장 가격의 절반에도 못 미치는 저렴한 가격에 판매함으로써 사는 사람에게도 기쁨을 주고, 판매한 수익금은 모두 시설에 기부하는 구조로 행사를 진행했다.

무엇보다도 일반인 외에 보육원 아이들에게 즐거운 시간을 제공하려는 목적도 컸다. 보육원 아이들에게는 우리 회사 부스에서 사용할 수 있는 가상 통화를 만들어 사전에 나누어주어 원하는 상품을 구입하게 했고 적은 금액을 내고도 즐길 수 있는 게임도 마련했다.

결정적으로 사장인 나를 포함해 행사에 참여하는 직원 모두의 드레스코드를 가장假裝으로 결정했다. 나는 전신 타이츠를 입은 스파이더맨으로 변신해 대결하자고 덤비는 많은 아이들과 즐거운 한때를 보냈다.

행사는 성공적으로 끝나 수익금이 역대 최고를 기록했으며, 행사 후에는 아예 불우 어린이를 돕는 재단을 만들어 본격적인 활동을 전개했다. 아이들의 감사 편지도 끊임없이 날아들었다.

하지만 불우 어린이 재단을 설립한 직후부터 우리 회사의 실적이 급격하게 기울었다. 지원 단체의 활동까지 중단해야 할 지경이었다. 이 단체가 활동을 중단하느냐 마느냐는 순간에 나는 조용히 생각했다.

'물에 빠진 사람은 물에 빠진 사람을 구할 수 없다.'

아무리 세상에 도움이 되는 일을 구상하고 아름다운 활동을 한다 해도 4억 엔이라는 부채를 안은 꼴로는 주변의 누구도 구하지 못하는 법이다.

실은 그때의 아쉬움은 지금까지도 내 마음 속에 계속 머물러 있다. 그래서 최종적으로 봉사법인 활동을 부활시키는 일, 그래서 내가 죽은 후에도 이 활동이 조용히 전개되고 일본, 나아가 전 세계 아이들에게 도움을 주는 일이야말로 나의 궁극적인 미션이라는 깨달음을 얻을 수 있었다.

그래서 나는 지금도 미래에 펼쳐질 그 미션을 실현하기 위해 날마다 창업 희망자를 만나고 상담하며, 돕고 있다. 이것이 바로 내가 '하고 싶은 일'이다.

어려움을 겪는 사람이나 사랑하는 사람에게 도움이 되고 싶다면 우선 당신 자신이 강해져 힘을 키우는 방법밖에 없다.

빚이 남아 있는 상태에서도 내가 이렇게 활기차게 일할 수 있는 이유도 나를 필요로 하는 사람이 존재하기 때문이다. 그래서 내가 살아 있는 동안에 반드시 다시 한 번 봉사재단 활동을 재가동시키고 싶다. 이를 실현할 때까지 나는 절대로 죽을 수 없다.

제9장

# 죽을 때 후회하지 않는
# 9가지 방법

"

해를 거듭할 때마다 분명 인생의 무대는 달라진다.
과거에 잃어버린 것을 떠올려 본들 아무것도 달라지지 않는다.
그렇다면, 이제부터 시작될 10년 동안에 손에 넣을 수 있는
미래의 일을 진지하게 연구하는 편이
훨씬 즐거울 것은 자명한 사실이다.

# 최상위 5퍼센트의 법칙을 실천하라

국세청의 조사에 따르면, 일본의 전체 인구 중 연수입이 1,000만 엔을 넘는 사람의 비율은 겨우 5퍼센트라고 한다. 다시 말해, 이들은 일본 상위 5퍼센트이므로 나는 이 5퍼센트에 드는 사람들을 경제적으로 성공한 사람이라고 정의한다.

그러면 이 100명 중에서 단 5명 안에 들 수 있는 방법은 무엇일까? 생각보다 간단하다. 그것은 바로 '하는 것'이다.

그렇다, '실행하는 것'

"이게 무슨 소리지?"라고 반문할 사람도 있을 것이다.

자신이 하고 싶다고 생각한 일을 곧장 실행에 옮기는 사람의 비율도, 놀라지 마시라. 딱 5퍼센트만이 그렇게 한다.

이상하지 않은가?

지금 이 책을 읽고 있는 사람이라면 분명 다른 책도 많이 읽었을 것이다. 그리고 누구나 한번쯤은 '이 책 재미있는 걸. 당장이라도 해보고 싶어졌어.'라고 생각해 봤을 것이다.

하지만 최종적으로 그 마음을 실행에 옮기는 사람은 100명 중 겨우 5명 정도라고 한다. 이는 비단 책에 한정되지 않는다. 강연회, 스터디모임, 세미나, 연수, 회의 등 모든 일에서 실제로 행동에 옮기는 사람의 비율은 약 5퍼센트, 또는 그 이하라고 한다.

나는 지금까지 수많은 세미나와 스터디모임을 해오면서 참가자들에게 어김없이 이런 질문을 해왔다.

"지금 가르쳐 드린 것을 실제로 해보고 싶다, 할 수 있을 것 같다고 느낀 분은 얼마나 계신가요?"

그러면 많은 사람이 손을 든다. 나는 천천히 덧붙인다.

"거의 다 손을 드셨군요. 그러면 당장 내일부터 실천하시기 바랍니다."

그 다음날 나는 손을 들었던 모든 사람에게 연락해 실제로 실행을 했는지 아닌지를 물어본다. 그러면 흥미롭게도 실제로 행동에 옮긴 사람의 비율은 매번 5퍼센트 안에 머문다.

다시 말해, 내가 생각하는 최상위 5퍼센트의 법칙은 이것이다.

### 경제적 성공 = 즉시 행동하는 사람 = 전체의 5퍼센트

따라서 이 책을 다 읽고 난 후에 깨달은 것이 있거나 행동으로 옮기고 싶은 일이 있으면, 밑줄을 긋거나 접어놓기, 또는 메모를 하는 것만으로 끝내지 말고 반드시 실행하는 것이 중요하다.

다음 날까지 실행한 사람은, 그 시점에서 이미 최상위 5퍼센트의 사람들과 똑같은 행동 유형을 보인 셈이다. 다만, 한두 번 행동을 흉내 내는 것만으로는 성공을 얻을 수 없다. 지속적으로 원하는 것을 얻을 때까지 하는 것이 중요하다.

오늘부터 줄곧 '좋다'고 느낀 일은 당장 실행하는 습관을 몸에 익혀보자.

나는 영업 연수를 받는 중에 "자네는 영업직에 맞지 않아. 그만두는 게 어때?"라는 말까지 들었다. 하지만 오로지 내가 '좋다고 느낀 일'을 계속해서 실행했기 때문에 스물여섯 살에 연 수입 1,000만 엔을 돌파할 수 있었다.

어려운 일이 아니다. 하고자 생각한 일을 단지 '했을 뿐'이다. 그러므로 당신도 분명히 할 수 있다.

### 최상위 5%의 법칙을 실천한다

연 수입 1,000만 엔 이상 버는 사람의 비율

세미나 참가자 100명 또는 비즈니스 도서의 독자 100명 중 내용을 실천하는 사람은 겨우 5명

↓

경제적 성공

=

즉시 행동으로 옮기는 사람

=

전체의 5%

**즉시 행동으로 옮기면 성공할 확률이 높아진다!** ↑

# 상식을 의심하라

'상식은 사람을 죽인다.'

무슨 말일까?

똑같은 살인이어도 어느 시대의 살인은 영웅을 만들기도 하고 반대로 살인 자체만으로 엄청난 범죄자가 되기도 한다. 다시 말해, 에도시대에는 전투에서 사람을 많이 죽일수록 영웅으로 대접을 받았다. 하지만 시대의 상식이 바뀌면 그 평가도 그만큼 달라진다. 이것이 상식의 참모습이다. 실로 취약하고 허술하기 짝이 없다.

우리는 대체로 이렇게 불안정한 '상식'의 폐해를 고스란히 입고 산다. 무엇이 상식인가를 결정하는 것은 대부분 '다수결' 혹은 '여론'이라는 대중의 의견이기 때문이다.

  하지만 비즈니스 세계나 성공을 하기 위해서라면 이 상식에 얽매여서는 성공하기 어렵다. 행복한 성공자는 더더욱 될 수 없다. 왜냐하면 다수가 결정한 일은 좀체로 희소성이 생기지 않기 때문이다.

  평소에 상식으로 여겨지던 것을 뒤집을 때 많은 사람들이 놀라고 그것을 새로운 상식으로 받아들이기 시작한다. 다시 말해, 이 새로운 상식을 만든 사람만이 그 후의 게임을 유리하게 전개하고 앞으로 나아갈 수 있다.

  게임은 게임 자체를 만든 사람에게 유리하게 만들어진다. 상식도 마찬가지다. 지금까지의 상식을 뒤엎은 사람만이 새로운 상식을 만들고 절대적으로 유리한 위치를 차지하고 우위성을 확보하게 된다. 기존의 고정관념에 사로잡혀서는 참신한 발상을 할 수 없다.

  우리는 때때로 우리에게는 매우 흔한 물건이 다른 나라에서 진귀한 물건으로 취급하는 장면을 목격한다. 우리는 쉽게 손에 넣을 수 있는 물건인데 반해 그 나라에서는 '희소성'이 있기 때문이다. 즉, 인생에 성공해서 죽을 때 멋진 인생이었다고 말할 수 있는 사람이 되기 위해서는 언제나 지금의 상식을 의심해 보아야 한다.

  진기한 발상이나 일을 창출함으로써 희소성을 발휘하라. 그 결과 당신이 만들어 낸 일에 세상의 수요가 집중되면 당신은 자연스럽게 성공하게 된다. 그 증거는 가까운 곳에서도 찾아볼 수 있다.

'단 한 푼도 없이 어떻게 가게를 창업해?'

이것이 지금까지 세상 사람들의 일반적인 상식이었다.

'하지만 정말로 불가능할까?'

나는 이렇게 상식을 의심함으로써 상식을 뒤엎는 힌트를 발견한 것이다.

이처럼 당신이 하고 있는 일이나, 앞으로 하고 싶은 일 중에서 많은 사람이 상식이라고 생각하는 것들을 우선 의심해 보아야 한다. 그리고 상식을 깨기 위해서는 무엇이 필요한지 방법을 생각하기 시작하라. 나도 그런 방식으로 다양한 시행착오를 거친 결과 단돈 1엔도 쓰지 않고 점포를 개업하도록 하는 데 성공했다.

그렇게 지금까지 상식으로 여겨지던 고정관념은 완전히 무너지고 새로운 상식을 만든 사람에게 일이 몰려드는 것이다. 이것이 상식을 깨뜨린 사람의 성공 유형이라고 할 수 있다.

상식은 절대적인 어떤 가치나 기준이 아니다. 어디까지나 대다수 사람의 의견일 뿐이다. 그것을 깨뜨려야 희소가치가 생기고 더 매력적인 사람이 되는 것이다. 성공하는 사람이 극히 소수인 이유가 여기에 있다.

# 자신에게 투자하라

당신은 최근 무엇에 투자를 했는가?

흔히 투자라고 하면 재테크를 위한 주식 투자, 부동산 투자, 외환 투자, 사업 투자 등을 떠올리는 사람이 많겠지만 정말로 행복한 성공을 거머쥐기 위해선 존재 그 자체에 투자를 해야 한다.

투자는 '무엇에' '어떤 타이밍에' 해야 할지가 가장 중요하다. 그런데 정작 그렇게 중요한 판단을 책임지고 있는 자신에게 투자하는 사람은 매우 적은 것 같다. 자신에게 하는 투자야말로 투자 중에서도 가장 중요한 투자다. 하지만 자신에게 투자하는 데 인색한 사람이 얼마나 많은가? 큰 문제다.

자신에게 투자를 하지 않는다는 것은 투자에 관한 판단을 할 때 가장 중요한 당신의 '두뇌'에 대한 교육을 게을리한다는 뜻이다. 종종 뭔가를 배우고 싶다면서도 무료 세미나만을 찾아다니는 사람을 만날 수 있는데 이는 자신에 대한 투자를 아까워하는 사람이다. 아예 세미나에 참석도 하지 않는 것보다야 낫겠지만 아무래도 투자 효율이 매우 떨어진다. 따라서 나는 항상 이렇게 강조한다.

"싸구려 세미나에 열 번 가느니 비싸고 수준 높은 세미나에 한 번 가는 것이 1,000배 더 가치 있다."

알고 하느냐 모르고 하느냐에 따라 모든 투자에 대한 보상은 상상 이상으로 달라진다. 그리고 그것은 고스란히 자신에게 되돌아온다. 부디, 자신에 대한 투자를 게을리해서는 안 된다.

# 마음, 돈, 몸의 조화를 이뤄라

'마음이 건강하고 돈도 충분히 있다. 하지만 지나친 흡연으로 3개월밖에 살 수 없는 말기암이다.'

이러한 선고를 받았다면 행복한 인생이었다고 말할 수 있을까? 돈과 마음이 건강한 상태라도 몸이 건강하지 않으면 불행하다.

'돈도 넉넉히 있고 몸도 건강하다. 하지만 너무 힘들어서 우울증이 생겼고 지금은 아무도 만나고 싶지 않다.'

이런 상황도 행복하다고 보기는 어렵다. 돈도 있고 몸은 건강하지만 마음이 병들어 있다면 결코 행복할 수 없다.

'마음도 건강하고 몸 상태도 매우 좋다. 하지만 돈이 없어서 노숙 생활을 하고 있다.'

이것 역시 행복하다고 할 수 없다. 마음도 몸도 건강하지만 돈이 없어 스스로 목숨을 끊는 사람도 있다. 이는 인생 최악의 결말이다.

결국 마음, 돈, 몸 이 세 가지 중 어느 것 하나라도 빠지면 행복해지지 못 한다. 세 가지가 고루 갖추어져야 비로소 행복한 인생을 지속할 수 있다. 하지만 성공에 급급한 나머지 건강을 외면하는 사람들이 갈수록 늘고 있다. 따라서 장래에 행복한 성공자가 되고 싶은 사람은, 우선 무엇보다도 신체의 건강에 신경 써야 한다. 가능하다면 건강 마니아가 되기를 바란다. 애써 이 책을 읽고 생활 방식을 바꾸고 성공자의 마음가짐이 되어 성공했다고 하더라도 결국 병에 걸린다면 모두 소용없는 일이 아닌가.

자동차를 제작한다고 생각해 보자. 제조 과정에 맞춰 자동차의 제조 라인이 가동된다. 라인 내에서 조립을 담당하는 사람들은 부품을 차례차례로 조립해 나간다. 하지만 중요한 엔진 부분에서 몇 개의 부품이 부족하다는 사실을 알아차렸다. 그러나 라인을 멈출 수는 없다. 할 수 없이 부품이 부족한 상태 그대로 흐름에 맞춰 진행한다.

다음에 브레이크를 조립할 차례다. 여기서도 중요한 나사가 몇

개 모자란다. 하지만 역시 라인은 멈출 수 없어 그대로 진행시킨다. 이렇게 최종적으로 완성한 차에 당신은 타고 싶은가? 나는 너무 겁이 나서 탈 마음이 생기지 않는다. 부품이 없는 차는 그 즉시 결함 차량인 것이다. 금세 사고나 고장을 일으킬 것이 분명하다.

그러면 이번에는 인간의 몸으로 바꿔 생각해보면 어떨까?

충분한 영양소를 섭취하지 않은 상태의 몸은 건강한 몸을 유지하기 위해서 필요한 부품이 부족한 것과 똑같다. 지금 섭취하는 식사에 의해서 10년 후의 몸이 만들어지는 것이므로 몸을 만드는 부품이 부족하면 몸이 망가져 병이 생기는 것이 당연하다.

최근 세계적으로 암으로 사망하는 사람이 크게 늘고 있다. 그 원인 중 하나가 식생활의 서구화라고 한다. 따라서 영양소 부족이라는 부품 결여가 발생하고 10년 후에 완성되는 내 몸의 결함이 암이라는 형태로 나타나게 된다.

몸이 재산이라고들 말하는데, 건강한 몸을 유지하는 것은 세 가지 건강의 기본이 된다. 부족하기 쉬운 필수 영양소는 오늘부터 착실히 보충하고 꼭 건강 마니아의 마음으로 건강하게 살아가도록 하자. 성공했는데 건강을 잃는다면 열심히 살아온 보람이 없지 않겠는가.

## '마음' '돈' '몸'의 건강이 행복의 조건

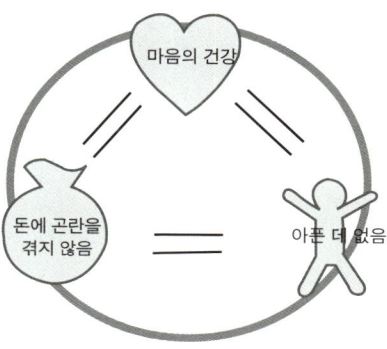

---

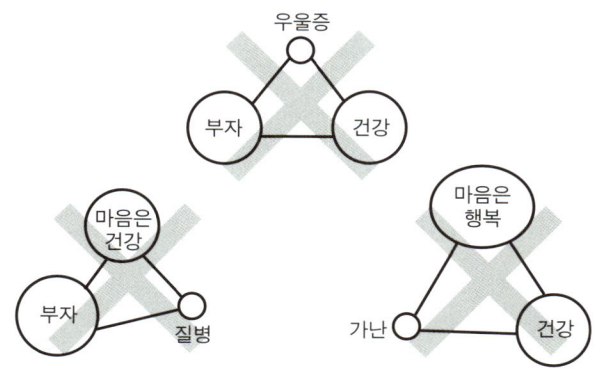

# 미션을 완성할 스토리를 찾아라

살아가는 동안에 자신이 해야 할 '인생의 미션'을 찾을 수 있는 사람은 극히 적다.

제1장에서도 말했듯이 대부분의 사람들이 인생에서 자신이 해야 할 미션을 생각해 보지도 않기 때문이다. 하지만 살아가는 동안에 미션을 찾을 수 있으냐 없느냐에 따라 멋지고 충만한 인생이 되느냐 아니냐가 결정된다면 어떨까?

이렇게 말하는 이유는, 실제로 내 자신이 그것을 체험해 보고 느꼈기 때문이다. 그때 내가 살아가는 동안에 해야 할 역할, 즉 찾기 어려운 그 미션을 어떻게 찾을 수 있었는지 돌이켜보면, 찾기까지는 이야기의 흐름이 있으며, 그 순서가 의외로 중요하다는 사실을 알게 된다. 하고 싶은 일이 제과점 운영이었던 사람을 예로 들어, 그 사람이 미션을 찾기까지의 과정을 소개해보겠다.

### 1단계 – 일에 대한 목적이 명확해진다. 무엇을 위해서 일을 하는가?

자연적인 대재앙이나 친지, 지인 등의 간접적인 죽음을 계기로 인간은 비로소 진지하게 인생에 대해 생각하기 시작한다. 그리고 일하는 의미와 지금 하고 있는 일에 대해서도 함께 생각하게 된다.

### 2단계 – 정말로 하고 싶은 일이 무엇인지 명확해진다

지금 하고 있는 일에 대한 의문을 갖기 시작하고 진정으로 자신의 마음과 대화함으로써 당신이 정말로 하고 싶은 일이 무엇인지 명확해지기 시작한다. 예컨대 진짜 하고 싶던 일은 제과점이었다는 사실을 깨닫는다.

### 3단계 – 목적을 달성하기 위한 목표를 설정한다

정말 하고 싶은 일은 지금 하고 있는 일이 아니라, 자신이 좋아하는 빵에 둘러싸인 제과점을 열어 맛있는 빵을 많은 사람이 먹을 수 있게 하는 일이다. 그러려면 지금 하고 있는 일을 올해 그만두고 내년 봄까지는 독립하고 싶다. 그것을 당면한 목표로 삼는다. 이런 흐름으로 구체적인 목표를 결정해나간다.

### 4단계 - 명확하고 더욱 구체적인 꿈을 키우기 시작한다

가게를 열 장소는 가능하면 주위보다 약간 높은 지대의 안정된 장소가 좋다. 지금까지 없는 빵을 만들어 누구에게 가장 먼저 먹게 하고 싶은가? 지금 하고 있는 일로는 실현할 수 없었던, 많은 사람의 웃는 얼굴을 만날 수 있는 가게를 열고 싶다. 그래서 제과점이 일정궤도에 오르면 주말에 근처의 아이들을 모아서 아기자기한 '빵 만들기 교실'도 열겠다는 구체적인 꿈이 생기기 시작한다.

### 5단계 - 실제로 가게를 열고 운영하면서 차츰 일하는 보람을 찾는다

가게를 개업하고 자신의 마음을 담은 빵을 많은 사람이 먹는 동안에 꾸준히 사러 오는 단골 고객, 즉 팬이 생기기 시작한다. 이러한 팬들로부터 빵이 맛있다거나 이 가게의 빵은 안심하고 먹을 수 있다는 평을 들으면서 자신이 많은 사람에게 도움이 되고 있다는 것을 실감하기 시작한다. 또한 주말의 빵 교실에 참가하는 아이들로부터는, 어른이 되면 이 제과점 사장님처럼 제과점을 하고 싶다는 말도 들으며 일에 대한 보람을 느끼기 시작한다.

## 6단계 – '성취감'에서 '미션'으로 진화하는 순간

'성취감'을 느낀 제과점 사장님은 이 기막힌 빵맛을 더 많은 사람에게 전하려면 다양한 기회를 통해 빵의 매력을 알려야겠다고 생각한다. 하지만 세상에는 하루에 단 한 개의 빵조차도 먹지 못하는 사람이 있다는 것을 깨닫게 된다.

그래서 제과점을 하고 싶다며 모여든 사람들에게 번창하고 있는 가게의 노하우를 공개하고 계열사 제과점을 포함한 모든 가게에서 팔리는 빵 1개당 10엔을 모금할 것을 제안한다. 그 모금을 토대로 결식아동이나 빈민들이 있는 곳에 갓 구운 빵을 제공하는 활동을 시작한다. 나아가 자신이 살아 있는 동안에 이 네트워크를 확대하고 매년 정기적으로 갓 구워낸 빵을 제공하는 일을 목적으로 하는 지원 단체를 설립한다. 자신이 죽은 후에도 이 활동이 영원히 지속될 수 있도록 준비해두는 일과 따뜻한 식사와 맛있는 빵의 매력을 많은 사람에게 알리는 일이야말로 자신에게 주어진 '인생의 미션'이라는 사실을 깨닫는다.

인생의 미션은 갑자기 발견되는 것이 아니라 때때로 이런 스토리의 흐름 속에서 이루어지는 것이다. 누구나 처음에는 지금의 일과 자신이 정말로 하고 싶은 일이 연결되어 있는지 아닌지를 생각하는 것에서부터 출발한다. 이 제과점 사장처럼 가능한 한 많은 사람이 알찬 하루하루를 손에 넣어 행복한 인생을 보내길 바란다.

**미션 발견까지의 스토리를 만들다**

**1단계** 무엇을 위해 일을 하는가? 일에 대한 목적이 명확해진다

**2단계** 정말로 하고 싶은 일이 무엇인지 명확해진다

**3단계** 목적을 달성하기 위한 목표를 설정한다

**4단계** 명확하고 더욱 구체적인 꿈을 키우기 시작한다

**5단계** 실제로 가게를 창업하고 운영해가면서 차츰 '성취감'을 느낀다

**6단계** '성취감'에서 '미션'으로 진화하는 순간

## 바삐 움직이며 기회를 기다려라

　사실 하고 싶은 일은 저절로 발견되는 것이 아니라 발견하려고 애쓰는 데서부터 발견되어지는 것이라고 말했지만, 이렇게 되기까지는 '서두르며 기다리는' 일이 무엇보다 중요하다.

　돈이 있고 몸이 건강하고, 마음이 편안해도 하고 싶은 일을 찾지 못한다면 알찬 나날을 보낼 수 없다. 하지만 어느 타이밍에 하고 싶은 일이 발견될지는 사람마다 다르기 때문에 실제로는 가늠할 수 없다. 이 점은 참으로 곤혹스럽다.

　그래서 아직 하고 싶은 일을 찾지 못한 사람, 또는 계기조차도 찾을 수 없는 사람에게는 지금 눈앞에 놓인 일에, 될 수 있는 한 빠른 속도로 몰두해보라고 말하고 싶다. 즉, 무얼 하든 열심히 서

두르길 바란다.

당신이 매일 하고 있는 일이 어떤 직업이든, 하루에 해야 할 일에는 반드시 끝, 혹은 단락이 지어진다. 그래서 집으로 돌아갈 시간이 꼭 오게 마련이다.

하루의 일을 전력을 다한 속도로 해치우자. 전력이라는 것은 당신이 할 수 있는 최대의 속도를 뜻한다. 정해진 일이 있는 사람이라면 언제나 더 빨리, 절반 정도의 시간으로 단축할 수 없는 일인지를 생각해보라. 또한 밖에서 이동할 때에도 가능한 한 빠른 걸음으로 이동하라. 항상 시간을 의식하고 행동함으로써 뜻밖에 여러 가지 일을 지금까지보다 빨리 할 수 있다.

사람은 단지 '빨리 한다'는 것을 의식하기만 해도 확실히 동기부여가 돼 일에 대한 의욕도 강해진다. 믿기 어려운 사람은 속는 셈치고 해보기 바란다. 이는 주부나 학생들도 마찬가지다. 청소나 세탁도 느릿느릿 하지 말고 시간을 계산해서 오늘은 얼마나 빠른 시간 안에 마칠 수 있을지를 계산해보라. 학생이라면 리포트나 숙제를 할 때 시간을 계산해서 해 볼 일이다. 마음이 앞서기만 해도 의욕이 향상되는 것을 실감할 수 있을 것이다.

'가만히 있지 말고 무언가를 하면 생각지도 못한 행운을 만난다.'

결국 하고 싶은 일이 그냥 주어지는 게 아니라 발견되는 것인 이상, 하고 싶은 일을 깨닫는 계기가 생겨야 한다. 하지만 마냥 기다리기만 해서는 세월이 아무리 흘러도 발견할 수 없다. 그렇게 하루하루가 쌓여 죽을 날을 맞이하는 사람들이 얼마나 많은가.

움직여라. 눈앞에 닥친 일을 빨리 처리함으로써 동기 부여가 높아지면, 자신이 원래 어떤 일에 흥미를 느끼는지도 깨닫기 쉬워진다. 이렇게 일을 서둘러서 생긴 자투리 시간에 새로운 일을 모색하거나 흥미 있는 일을 하면 자신이 원하는 일을 찾게 될 확률이 한층 더 높아진다.

따라서 하고 싶은 일을 아직 발견하지 못한 사람은 바삐 움직이며 기다리는 것이 매우 효과적이다. 일찍 일어나는 새가 먹이를 많이 얻는다고 했듯이, 부지런히 다니면 뜻하지 않은 행운을 만나는 법이다.

# 돌아가고 싶은 '그때'에
# 지금 서 있다

"올해로 벌써 마흔 살, 하다못해 10년 전인 서른 살 때로 돌아갈 수 있다면 좋겠어."

이런 말을 자주 듣게 되는 걸 보면, 사람은 이미 잃어버린 것에 미련을 버리지 못하고 자꾸만 뒤돌아보는 존재인 것 같다. 이런 말을 숱하게 입 밖에 내는 배경에는 분명히 '그때로 돌아갈 수만 있다면 지금보다 훨씬 더 인생을 잘 살 수 있을 텐데.' 하는 마음이 짙게 깔려 있다.

하지만 이런 사람들은 아마 50세가 되고 60세가 되어도 똑같은 말을 하게 될 것이다. 자신이 지금 서 있는 오늘이, 10년 후 돌아가고 싶어 할 '그때'라고는 좀처럼 깨닫지 못하고 말이다.

아쉽지만 과거는 절대 돌이킬 수 없다. 그러므로 10년 후의 미래에서 '미래의 당신으로부터' 이러한 메시지를 받았다고 가정해 보라.

'10년 전의 나에게.
나는 지금 당신의 10년 후 미래로부터 이 편지를 보냅니다. 왜 편지를 보내는지 궁금하지요? 그건 바로, 10년 후에 일어날 일을 당신이 전혀 알지 못하기 때문입니다. 그래서 10년 후의 내가 10년 전의 나에게 편지를 쓰고 있는 것이지요.
하고 싶은 말은 단 하나!
혼란스러워하지 말고 당신이 하고 싶은 일을 하길 바랍니다. 혹시 실패한다고 해도, 하지 않고 후회만 하는 것보다는 낫지요.
'그때로 돌아갈 수 있다면 얼마나 좋을까!' 하고 10년 후인 지금 후회하고 있는 내가 나에게.'

앞으로 10년 후에 당신은 어쩌면 '10년 전으로 되돌아가고 싶다'라고 생각할지도 모른다. 바로 그 10년 전의 지금에 당신이 서 있다. 잃어버린 것을 아쉬워하기보다는 이제부터 손에 넣을 수 있는 일들을 헤아리는 편이 단연코 바람직하다.

해를 거듭할 때마다 분명 인생의 무대는 달라진다. 과거에 잃어버린 것을 떠올려 본들 아무것도 달라지지 않는다. 그렇다면, 이제부터 시작될 10년 동안에 손에 넣을 수 있는 미래의 일을 진지하게 연구하는 편이 훨씬 즐거울 것은 자명한 사실이다.

앞으로 펼쳐질 10년이 매우 행복한 세월이 된다면 분명히 두 번 다시 '돌아가고 싶다'는 생각은 하지 않게 될 것이다.

# 당신만의 고유한 '역할'을 찾아라

　누구에게든 고유한 '역할'이 존재한다. 세상에 태어난 모든 사람에게는 크고 작은 역할이 주어진다. 단지 많은 사람들이 그것을 깨닫지 못할 뿐.
　세계 인구가 70억 명을 넘어선 지금, 지구상에는 실로 다양한 사람들이 살고 있다. 하지만 이렇게 많은 사람 중에 자신의 역할을 깨닫는 사람은 극히 소수다.
　인류의 큰 역할 중 하나는, 미래를 위해 '자신의 자손'을 남기는 일이다. 이는 인간뿐 아니라 모든 생물에게 공통된 역할이다. 하지만 내가 여기서 하고 싶은 말은 결코 다른 생물들을 위한 것이 아니다.
　70억분의 1인 '당신'의 사회적인 역할을 찾아라. 그러면 자신은 물론 당신의 역할로 인해 도움을 받는 많은 사람을 위해 당신이 존재한다는 것을 실감하게 될 것이다.

인간은 나약한 존재다. 만약 나 혼자만을 위한 목적이라면 원래 갖고 있던 힘 이상을 발휘하지 못한다. 하지만 자신의 노력이 다른 많은 사람에게 도움이 된다고 느낄 때, 자신도 믿기 어려울 만큼의 큰 힘을 발휘하기도 한다.

1996년 애틀랜타 올림픽 여자 마라톤에 출전한, 아리모리 유코 有森裕子 씨는 국민의 기대를 한 몸에 받고 온 힘을 다해 달려 동메달을 목에 걸었다. 결승점을 통과한 직후의 인터뷰에서 유코 씨가 한 말은 틀림없이 자신의 역할을 완수하고 자신의 능력 이상의 성과를 낸 사람만이 할 수 있는 말이었다.

"비록 메달의 색깔은 '동'이지만, 경기가 끝난 후에 '왜 더욱 열심히 하지 못했을까?' 하고 자책하는 경기는 하고 싶지 않았어요. 이번에는 그런 생각을 하지 않았고 처음으로 제 자신을 스스로 칭찬해주고 싶어요."

또한 10년쯤 전에 한 다큐멘터리 프로그램에서 어떤 부부의 이야기가 소개된 적이 있다. 남편은 약 60세로 건강했는데 낮에는 운송회사에서 일하고 밤에는 경비로 꼬박 아침까지 일했다. 그러면서 가사를 돌보고 병원에도 갔다가 또다시 일터로 돌아오는 생활을 반복하고 있었다. 지금의 내게 그와 같은 생활을 아무 목적도 없이 해보라고 한다면, 그만큼 힘든 일을 매일 계속할 수 있을지 솔직히 자신이 없다.

하지만 60세인 이 아저씨는 그렇게 힘든 육체노동을 매일 계속하느라 잠자는 시간도 부족했고, 가사도 전담하고 있었기에 당연히 쉬는 날도 없었다. 그는 그러한 생활을 이미 몇 년이나 계속하고 있다고 했다. 이러한 생활을 계속하는 이유는 대체 무엇이었을까?

그에게는 목숨을 걸고 지키고 싶은 것이 있었기 때문이다. 바로 다름 아닌 사랑하는 가족이다. 몇 년 전에 그의 아내가 무척 심각한 병으로 입원하게 되었다고 한다. 그래서 그는 아내에게 매달 들어가는 입원비와 아내의 병을 치료하기 위한 고액의 의료비, 그리고 자녀들의 생활비를 대기 위해서 밤낮을 가리지 않고 일하고 있었다.

사람은 자신 외에 누군가를 위한 역할을 맡았을 때, 자신이 생각하는 이상으로 힘을 낼 수 있는 존재다.

"당신의 역할은 무엇인가요?"
"그 역할을 달성하면 누구에게 도움이 됩니까?"

이 질문에 대한 답을 찾게 될 때, 당신은 진정으로 보람을 느끼는 일과 생활을 손에 넣게 될 것이다.

만약 당신이 지금 하고 있는 일이 세상의 많은 사람에게 도움이 되고, 중요한 누군가에게 도움이 되는 일이라고 생각하면 매우 다행스럽게 여길 필요가 있다. 그리고 그 일을 열심히 하는 것이야말로 당신 인생의 역할을 다하는 것이다. 당신이 열심히 하면 할수록 세상에 곤란을 겪는 사람이 줄어들고 당신을 기다리는 사람이 늘어난다고 생각하면 노력할 가치가 있지 않겠는가?

아직 인생의 역할을 확실히 찾아내지 못한 사람은, 지금 하고 있는 일이 누구에게 도움이 되는지, 또는 어떻게 도움이 될지 차분하게 생각해 볼 일이다. 그리고 만에 하나 지금 하고 있는 일을 자신의 역할로 여길 수 없다면, 머지 않아 가장 자신 있는 일로 누군가에게 도움을 줄 수 있다고 생각하자.

진지하게 생각만 한다면 반드시 인생에서 당신의 역할을 찾을 수 있다. 사람에게는 누구나 각각 완수해야 할 역할이 존재하기 때문이다. 남은 인생에서 진정 당신의 역할을 찾게 되기를 기대한다.

# 오늘이 마지막 날이라면
# 지금 하고 있는 일로 만족하는가?

말기 환자를 돌보는 의료 전문가 오츠 슈이치大津秀一 선생의 저서 중 《죽을 때 후회하는 스물다섯 가지》라는 책이 있다.

이 책은 인생의 말기에 처한 환자 약 1,000명의 죽음을 지켜본 호스피스 전문의인 저자가 '사람은 죽을 때 무엇을 후회하고 죽어가는가?'라는 의문을 갖고 저술한 책이다.

물론 사람마다 각자 후회하는 것이 다를 테지만 이 책을 보면 사람이 죽을 때 후회하는 일 중에는 역시 '자신이 하고 싶은 일을 하지 못한 것'이 으뜸으로 꼽힌다. 이 책에서 내가 가장 공감한 부분은 바로 이 문장이다.

'죽기 전에 후회하는 것은, 이루지 못한 꿈이나 이룰 수 없었던

꿈이 아니라 꿈을 이루기 위해 최선을 다하지 않은 자신의 모습이다.'

나는 이 말을 생의 마지막 순간을 맞이한 사람들이 남은 사람들에게 주는 소중한 메시지로 기억해 두고 싶다. 그리고 목숨을 걸고 메시지를 전해준 사람들을 위해서라도 그들과 똑같은 후회를 하지 않고 인생을 끝마칠 수 있도록 많은 이들의 인생에 보람 있게 쓰였으면 한다. 그래서 나는, 인생의 마지막에 이런 존재가 되고 싶다.

'마지막 날'에 빛나기 위해서 해야 할 단 한 가지는, 바로 최선을 다해 살아가는 일이다.

결국 인생의 마지막 날에 후회하는 것은, 뭐니뭐니 해도 인생을 어중간하게 사는 일이다. 일이든, 사랑이든, 뭘 해도 흐지부지하는 사람들은 반드시 후회가 따르게 마련이다. 따라서 앞으로 시간이 조금이라도 남아 있는 모든 사람은, 눈앞에 놓인 일에 항상 최선을 다해야 한다. 물론 그 사람의 능력을 넘어선 일이야 어쩔 수 없겠지만.

이미 여러번 말한 것처럼 나는 사기꾼에게 속기도 하고 회사가 도산 위기에 빠져 큰 빚을 진 경험도 갖고 있다. 지난 일을 돌이켜 보면 '좋지 않은 모양새로 살아왔구나!' 하는 생각이 든다. 솔직히 말해서, 최선을 다해 산다는 것이 뭐 그리 대단한 일인가 하는 회의도 생긴다.

하지만 이런 마음 한편으로는 지금 내가 이렇게 건강하게 존재할 수 있는 것도 최선을 다해 살아온 덕이라고 생각한다. 또 많은 성공한 위인들도 힘든 시기를 거쳐 성공했다는 사실을 떠올리며 위안을 삼는다.

포드 자동차의 창시자인 헨리 포드Henry Ford는 성공하기까지 무려 5번이나 파산을 했고, 월트 디즈니Walt Disney는 근무하던 신문사에서 잘리고 몇 번이나 파산을 겪었다. 배우인 해리슨 포드Harrison Ford는 고교 시절에 집단 따돌림을 당했고, 배우 초년생 때는 재능이 없다는 말을 들었으며 제16대 미국 대통령인 에이브러햄 링컨Abraham Lincoln은 몇 번이나 선거에 낙선하기도 했다. 하지만 그들은 모두 마침내 성공을 거머쥐었다.

죽음을 눈앞에 둔 말기 환자들이 입을 모아 하는 말이 있다고 한다.

"인생은 결코 길지 않아."

일찍이 명장 오다 노부나가(織田信長, 1534~1582, 일본의 전국戰國 아즈치安土시대의 무장-옮긴이)도 최선을 다해 살아가는 것에 대해 이렇게 말했다.

"죽을 힘을 다해 살아야만 그 생애는 빛을 발한다."

노부나가가 남긴 이 말에서 깨달을 수 있는 것은 과거에도 미래에도 결국 죽을 힘을 다해 산다면 마지막 날에 후회는 남지 않는다는 사실이다.

마지막으로 당신에게 한 번만 더 묻고 싶다.

오늘이 '마지막 날'이라면 지금 하고 있는 일로 만족하는가?

맺음말

# 느꼈다면 행동하라, 지금 당장!

열 살 때, 나는 난생 처음 내 힘으로 돈을 벌었다.

학교를 마치고 자주 가던 절의 뒷산에는 사슴벌레가 많았는데, 들리는 소문으로는 사슴벌레를 사주는 애완동물 가게가 있다고 했다. 돈을 벌 수 있다니, 어린 나이에도 혹했다.

나는 그 이야기를 전해준 다른 친구들 몇 명과 함께 사슴벌레를 잡으러 산으로 들어갔다. 하지만 사슴벌레는 생각만큼 쉽게 잡혀주지 않았다.

"팔 수 있을 만큼 잡기는 어려우니 이제 그만둘래."

많은 친구들이 곧 포기를 했지만 나는 어떻게 하면 사슴벌레를 많이 잡을 수 있을지, 없는 지혜를 쥐어짜내며 애를 태웠다.

그러자 예전에 친구들과 산에 들어갈 때의 '한 장면'이 불현듯 떠올랐다. 사슴벌레를 잡아 용돈이라도 벌어보자고 결의한 어느 날이었다.

아침 일찍부터 친구들이 속속 모였는데 그날은 공교롭게도 비가 내렸다. 하지만 의욕이 넘쳤던 우리는 거센 비에도 아랑곳하지 않고 산을 헤집고 다니며 사슴벌레를 찾아다녔다.

"야! 여기 좀 봐!"

"이 나무껍질이 벗겨져 말려 올라간 곳에 사슴벌레가 많이 숨어 있어!"

한 친구가 외치는 소리를 듣고 모인 우리는 나무껍질을 북북 잡아떼고는 껍질 속에서 비를 피해 숨어 있던 사슴벌레들을 한꺼번에 몽땅 잡을 수 있었다.

다음날, 나는 평소보다 일찍 집을 나서 학교에 가기 전에 산속에 들어가 나무껍질이 벗겨져 올라간 나무를 찾아 다녔다. 그러고는 그런 나무를 찾으면 말려 올라간 나무에 번호를 매겨서 그 장소를 특별히 기억해 두기 시작했다. 그렇게 쓸 만한 나무 20그루 정도에 번호를 다 매겼을 무렵의 어느 오후, 학교에서 수업을 받고 있는데 비가 툭툭 떨어지기 시작했다.

'좋았어!'

나는 그날 집으로 가는 길에 지금까지 번호로 표시해 둔 나무에 정말로 사슴벌레들이 비를 피해 숨어 있는지를 혼자서 몰래 보러 가기로 했다.

예상은 적중했다! 번호를 매겨둔 나무의 껍질이 벗겨진 틈새에는 한 그루당 몇 마리씩 사슴벌레가 비를 피해 숨어 있었다. 그 날 평소에는 한 마리를 잡기도 수월치 않던 사슴벌레를 너무 쉽게 잡을 수 있었다.

나는 조심스럽게 사슴벌레만 잡은 후, 다시 원래 말려 올라간 나무껍질의 상태로 가만히 되돌려 놓았다.

그 날 이후, 비가 내리기 시작하면 모두들 "에이, 또 비가 내리네. 너무 싫어."하고 짜증을 냈지만, 나는 "비 온다! 좋았어! 오늘 돌아가는 길에 몽땅 잡아들이는 거야!" 하면서 가슴이 설레었.

이렇게 해서 잡아들인 사슴벌레가 50마리를 넘자, 나는 애완동물 가게에 찾아갔고, 당시 돈으로 3만 엔 가까이를 벌 수 있었다.

그때로부터 30년이 지난 지금도, 나는 장사하는 일이 매우 좋다. 그리고 장사를 하려고 마음먹거나, 시작한 사람 또한 무척 좋아한다. 따라서 돈이 없어서 가게를 차릴 수 없다거나 좋아하는 일을 할 수 없다고는 말하고 싶지 않다.

돈이 없어도 장사는 시작할 수 있다. 초등학생인 나도 가능했는데 다 큰 어른이 못 할 리가 없다.

최근 평범한 사무직 여성이나 샐러리맨 중에 회사를 그만두지 않고 작은 네일숍이나 카페 등 '평소 하고 싶었던 가게'를 차려 가볍게 시작하는 사람도 많다. 그들을 볼 때마다 이제는 사업도 다양한 형태로 시작할 수 있구나 싶어 감탄하고는 한다.

또한 이렇게 다양한 사람들이 사는 모습과 인생을 슬쩍 들여다볼 때마다, 역시 최선을 다해 하고 싶은 일을 하면서 살아가는 사람이 가장 멋지구나! 라는 느낌을 강렬하게 받는다. 마지막 날에 후회하지 않기 위해서 내가 진짜 하고 싶은 일을 하다 죽고 싶은 것이리라.

마법사는 실제로 존재한다. 그러니까 만일 하고 싶은 일을 찾게 되면 반드시 최선을 다해 도전하길 바란다.

마지막까지 읽어주신 독자들에게 감사한 마음을 전한다. 이 책이 당신의 미래에 단 하나라도 새로운 깨달음을 줬다면 책을 쓴 의미는 충분하다. 하지만 무엇보다 당신이 깨달은 것을 지금 바로 행동으로 옮기기를 진심으로 기대한다.

나카무라 마사토

,,
우리가 태어났을 때, 우리는 울었고 세상은 기뻐했다.
우리가 죽을 때는 세상이 울고 우리는 기뻐할 수 있는
그런 삶을 살아야 한다.
- 화이트 엘크

죽을 때 후회하지 않는, 진짜 내 인생을 사는 법
## 오늘이 마지막 날이라면

**초판 1쇄 발행** 2012년 7월 25일
**초판 2쇄 발행** 2012년 8월 10일

**지은이** 나카무라 마사토
**옮긴이** 김윤경
**펴낸이** 김선식

**Chief Editing Creator** 박경란
**Design Creator** 조혜상
**Marketing Creator** 이주화

**6th Creative Editing Dept.** 박경란
**Creative Marketing Dept.** 이주화, 원종필, 백미숙
     **Communication Team** 서선행
     **Online Maketing Team** 김선준, 전아름, 박혜원
     **Contents Rights Team** 김미영
**Creative Design Dept.** 최부돈, 김태수, 조혜상, 박효영, 이나정, 손은숙
**Creative Management Dept.** 김성자, 송현주, 권송이, 윤이경, 김민아

**펴낸곳** (주)다산북스
**주소** 경기도 파주시 문발동 파주출판도시 529-2번지 3층
**전화** 02-702-1724(기획편집) 02-6217-1726(마케팅) 02-704-1724(경영지원)
**팩스** 02-703-2219
**이메일** dasanbooks@hanmail.net
**홈페이지** www.dasanbooks.com
**출판등록** 2005년 12월 23일 제313-2005-00277호

**필름 출력** 스크린그래픽센타 **종이** 월드페이퍼(주) **인쇄·제본** (주)현문

ISBN 978-89-6370-767-9 (03320)

- 책값은 뒤표지에 있습니다.
- 파본은 본사와 구입하신 서점에서 교환해드립니다.
- 이 책은 저작권법에 의하여 보호를 받는 저작물이므로 무단 전재와 복제를 금합니다.

---

다산북스(DASANBOOKS)는 독자 여러분의 책에 관한 아이디어와 원고 투고를 기쁜 마음으로 기다리고 있습니다. 책 출간을 원하는 아이디어가 있으신 분은 이메일 dasanbooks@hanmail. net 또는 다산북스 홈페이지 '투고원고'란으로 간단한 개요와 취지, 연락처 등을 보내주세요. 머뭇거리지 말고 문을 두드리세요.